IL MURO DI BERLINO

Una città divisa in due

Thomas Flemming
Documentazione dell'Archivio del Muro di Berlino: Hagen Koch

be.bra verlag
berlin.brandenburg

Bibliografische Information der
Deutschen Nationalbibliothek
Die Deutsche Nationalbibliothek verzeichnet diese Publikation in der Deutschen Nationalbibliografie; detaillierte bibliografische Daten sind im Internet über http://dnb.d-nb.de abrufbar.

Aktualisierte Auflage

KulturBrauerei Haus S,
Schönhauser Allee 37, 10435 Berlin
post@bebraverlag.de
Consulenza: Gabriele Dietz, Berlin
Traduzione: Stefania Garosio, Berlin
Tipografia e copertina:
Farnschläder & Mahlstedt, Hamburg
(Foto di copertina Klaus Lehnartz)
Layout: Uta Ohrt-Hansen, Hamburg
Caratteri: Excelsior 9 pt e Folio
Piantina del percorso del Muro:
Ditta Ahmadi / Peter Palm, Berlin
Litografia: Bildpunkt, Berlin
Stampa e legatoria:
Bosch Druck, Landshut
ISBN 978-3-930863-97-6

www.bebraverlag.de

Ringraziamo per l'autorizzazione alla stampa:
Basis Druck Berlin per una citazione da »Halt! Grenzgebiet! Leben im Schatten der Mauer« di Thomas Scholze e Falk Blask; Brandenburgisches Verlagshaus per i brani tratti da »Ausgegrenzt. Der Fall der DDR-Grenztruppen« di Volker Koop;
Ch. Links Verlag per i brani tratti da »Geisterbahnhöfe« di Christoph Links, Heinz Knobloch e Thomas Wenzel; per i brani tratti da »Chronik des Mauerfalls« di Hans-Hermann Hertle;
S. Fischer Verlag per un brano tratto da »Vierzig Jahre« di Günter de Bruyn
e Klaus Schlesinger per un brano tratto dal suo libro »Am Ende der Kindheit«.

Questo libro si basa sul volume più ampio di Th. Flemming / H. Koch, »Die Berliner Mauer – Geschichte eines politischen Bauwerkes«
ISBN 978-3-89809-083-4
be.bra verlag, Berlin 2008

Indice

UN MURO ATTRAVERSO BERLINO

La frontiera viene chiusa

Alle ore 1:11 la radio di Berlino Est interrompe la trasmissione «Melodien zur Nacht» per una comunicazione speciale:
«I governi degli stati del Patto di Varsavia si rivolgono al Parlamento e al governo della DDR affinché alla frontiera con Berlino Ovest entri in vigore un nuovo ordinamento in grado di impedire efficacemente ogni attività sovversiva nei confronto dei paesi del Blocco socialista , garantendo nel contempo una sorveglianza affidabile in tutta l'area che circonda la parte occidentale della città».

Il significato della macchinosa dichiarazione è chiaro: Berlino Ovest sarà bloccata. Ma chi ascolta, all'Ovest, la radio della SED (Sozialistische Einheitspartei Deutschlands: Partito socialista unitario tedesco)?

È domenica, il 13 agosto 1961.

Alle ore 1:05, alla Porta di Brandeburgo si spengono bruscamente le luci. Poliziotti di frontiera della DDR armati e unità delle truppe d'assalto, arrivano marciando e si appostano sulla linea di demarcazione interna della città. Alla luce dei riflettori dei mezzi militari disfano il lastricato stradale ed erigono barriere di filo spinato. In molti punti all'interno ed intorno a Berlino le stesse scene: poliziotti di frontiera, blindati, filo spinato, barre di cemento.

All'Ovest nessuno ancora può immaginare l'evoluzione drammatica della situazione alle frontiere dei tre settori. Al Commissariato Generale della polizia di Berlino Ovest, nella Tempelhofer Damm, il commissario maggiore Hermann Beck si prepara al consueto turno di servizio.

Verso le 2:00 arriva una notizia che lo sorprende. Non sapendo bene che fare, così annota nel libro di guardia: «13. 8. 1961, ore 1:54. Il distretto di Polizia di Spandau

13 agosto 1961: Uno sbarramento di truppe d'assalto alla Porta di Brandeburgo.

comunica che la S-Bahn (treno della metropolitana di superficie) proveniente da Staaken in direzione Berlino, viene ricondotto indietro nell' area della zona di occupazione sovietica. I passeggeri sono dovuti scendere ed hanno ricevuto indietro i soldi del biglietto.» Un minuto dopo, un'altra chiamata da Wedding: «1:55. Traffico della S-Bahn bloccato alla stazione di Gesundbrunnen in ambedue le direzioni.» Ora le comunicazioni urgenti cominciano a susseguirsi senza interruzione. Anche le sta-zioni di Schönholz, Wannsee, Stahnsdorf annunciano il blocco dei treni.

A partire dalle 2:20 le comunicazioni diventano sempre più allarmate: «15 camion militari pieni di Vopos (Volkspolizei: la polizia di stato della DDR) al ponte Oberbaum». «Autoblinde sulla Sonnenalle». «Alla Porta di Brandeburgo centinaia di Vopos e poliziotti di frontiera armati». Beck viene preso dal panico. È questo il sempre temuto attacco a Berlino Ovest? Deve tirar fuori dalla cassaforte quella busta sigillata e far scattare il piano d'allarme per la difesa di Berlino Ovest che metterebbe in agitazione le capitali occidentali in pochi minuti? Per un quarto d'ora Beck e il suo superiore discutono animatamente la grave decisione. Visto che fino alle 2:45 i rapporti telefonici continuano a parlare di «raggruppamenti di truppe» e «postazioni di blocco» e non di «avanzata sul territorio di Berlino Ovest», decidono di dare intanto l'«allarme minore» (grado d'allarme E1).

Tutti i 13 000 poliziotti di Berlino Ovest vengono svegliati. Così, un ex capitano della polizia, ricorda questi drammatici momenti alla Porta di Brandeburgo: «Subito abbiamo pensato che ci avrebbero travolti e sarebbero marciati su Berlino Ovest, ma rimasero fermi lì esattamente ad un centimetro dalla linea di frontiera.»[1]

È un'azione progettata e condotta dagli stati maggiori, guidata da un funzionario della SED pressoché sconosciuto all'Ovest – Erich Honecker. E' il quarantanovenne segretario del Consiglio Nazionale per la Difesa a guidare tutte le operazioni di quella notte. Il suo quartier generale si trova nella prefettura di polizia ad Alexanderplatz, dove riceve continuamente, per telefono e da corrieri, rapporti sullo svolgi-

Panzer della polizia della DDR prendono posizione alla Porta di Brandeburgo.

mento delle misure del blocco, dando indicazioni ai comandanti. All'operazione partecipano direttamente circa 10 500 forze operative della Volkspolizei e polizia di frontiera, così come appartenenti alle truppe d'assalto. Inoltre si aggiungono alcune centinaia di collaboratori della Stasi (Staatssicherheitsdienst: servizio di sicurezza nazionale) e due divisioni motocorazzate della NVA (Nationale Volksarmee: esercito nazionale) – in tutto circa 8 000 uomini – che però, come secondo scaglione di sicurezza, hanno l'ordine di avvicinarsi a non più di 1 000 metri dalla frontiera.

Tutto prosegue come previsto. Degli 81 punti di passaggio stradali solo 12 sono ora transitabili, il resto è sbarrato con il filo spinato. Il traffico della S-Bahn e della U-Bahn (metropolitana sotterranea) tra le due parti di Berlino e dintorni è interrotto. Il 23 agosto il numero dei passaggi di frontiera viene ridotto a sette: Friedrichstraße, Bornholmer Straße, Chausseestraße, Invalidenstraße, Heinrich-Heine-Straße, Oberbaumbrücke, Sonnenalle e Friedrichstraße/Zimmerstraße (Checkpoint Charlie).

Walter Ulbricht ha raggiunto il suo scopo politico. Le vie di fuga attraverso la frontiera dei settori berlinesi, dalla quale negli anni precedenti più di 1,6 milioni di cittadini della DDR erano passati nell'Ovest, è chiusa. Al capo della SED, nei mesi e giorni precedenti, era costata molta fatica convincere Krusciev – capo di stato e del partito sovietico – e gli altri capi del blocco orientale, che solo uno sbarramento di Berlino Ovest avrebbe fermato il flusso dei fuggitivi e impedito un «dissanguamento» della DDR.

Il 12 agosto 1961 intorno alle ore 16:00 Ulbricht firma gli ordini corrispondenti. L'operazione prende il suo corso.

Anche le istruzioni ai comandanti della NVA, tenuti all'oscuro fino a questo momento, vengono trasmesse solo il 12 agosto attraverso il Ministro della Difesa Heinz Hoffmann. Alle ore 20:00 ricevono l'ordine «di sostenere le forze armate del Ministero degli Interni nei compiti di sicurezza alle frontiere tra i settori e nell'anello esterno di Berlino Ovest. Nei luoghi indicati, insieme alla 1a e 8a divisione motocorazzate, formano una seconda linea di difesa alle spalle della frontiera.»[2]

Per le truppe sovietiche intorno a Berlino vale in quella notte il grado d'allarme 1. Ma nel corso dell'operazione, se possibile, devono evitare del tutto di mostrarsi.

Durante i preparativi che condurranno alla chiusura delle frontiere, Ulbricht e Honecker sono passati sopra a quasi tutte le forze di comando del partito e dello Stato. Anche i capi dei cosiddetti «partiti del blocco» (partiti «fantasma» della DDR di nessun rilievo politico) non sono al corrente di nulla, quando la sera del 12 agosto giungono, su invito di Ulbricht, per una cena nella residenza di Groß-Dölln, 75 km a nord di Berlino. Solo verso le 22:00 viene comunicato agli ospiti, piuttosto sbalorditi, che è imminente la chiusura della frontiera con i settori di Berlino Ovest.

È una calda notte d'agosto dopo un sabato arroventato. Alle ore 2:30 Allan Lightner, il più alto rappresentante del governo degli Stati Uniti a Berlino, riceve telefonicamente l'informazione sullo sbarramento della frontiera tra i settori – e si rimette di nuovo a dormire. Lo si sarebbe dovuto svegliare in caso di nuovi sviluppi. Alle ore 3:30 il collaboratore della CIA John Kenney viene a sapere attraverso una comunicazione radio della Rias (Rundfunk in amerikanischem Sektor: radio del settore americano) che la frontiera è chiusa. Quando poco più tardi arriva al quartier generale della CIA a Dahlem, si aspetta in effetti il caos. Ma tutto il palazzo è tran-

Geheime Verschlußsache

den 12.8.1961
Ho/Ke.

Kandidat des Politbüros
des ZK der SED
Genosse Gerhard G r ü n e b e r g

P o t s d a m

Geheime Kommandosache
27 (persönlich!) 27

Nr. 24/61
2 Exemplare je 1 Blatt
2. Exemplar 1 Blatt
-221

Werter Genosse Grüneberg!

Ich bitte Dich, entsprechend der getroffenen Vereinbarungen am 13. August 1961, ab 01.30 Uhr die erforderlichen Maßnahmen zu veranlassen. Die Dir bekannten Dokumente werde ich Dir im Verlaufe der Nacht übermitteln. Den in der Anlage beigefügten Befehl an den Vorsitzenden der Einsatzleitung Potsdam, Genossen S e i b t , bitte ich um 01.30 Uhr zu übergeben. Desweiteren füge ich diesem Schreiben die Entwürfe für die Alarmbefehle an die Einsatzleitungen der Kreise Oranienburg, Nauen, Potsdam, Zossen und Königswusterhausen bei sowie den Entwurf einer Bekanntmachung des Rates des Bezirkes Potsdam.

Mit sozialistischem Gruß

E. Honecker

Anlagen

Scocca l'ora. Il 12 agosto 1961 Honecker dà inizio alla catena di ordini per lo sbarramento della frontiera.

quillo e non c'è traccia di situazione di allarme.

Nel frattempo Richard Smyser, collaboratore della missione americana, riceve dall'ufficiale di servizio l'ordine di «andare un po' a vedere». Verso le 3:30 giunge a Potsdamer Platz.

Dai poliziotti di frontiera posizionati lì, esige informazioni su ciò che sta accadendo e sul transito bloccato. Dopo qualche discussione il filo spinato viene finalmente spostato di lato in modo che Symser possa passare con la propria auto. Sulle strade addormentate di Berlino Est, vede veicoli militari, carri armati, camion con filo spinato e piloni di cemento, ma nessun blindato sovietico.

A Washington le prime notizie da Berlino arrivano poco dopo le 5:00 (nella capitale americana è da poco passata la mezzanotte). Prima di tutti viene informato John Ausland, collaboratore della sezione di Berlino al Ministero degli Esteri degli Stati Uniti. Questi ascolta il rapporto telefonico e se ne torna a letto. Quattro ore dopo riceve da Berlino un telegramma della CIA: in codice, dispone che il presidente venga immediatamente informato. A questo punto Ausland corre al Dipartimento di Stato e cerca nervosamente tra i documenti i piani previsti in un simile caso. Dopo aver cercato a lungo trova finalmente l'allegato di una cartella chiusa con la scritta «Border closure» – ma è vuota.

Il Presidente degli Stati Uniti Kennedy viene messo al corrente alle 12:30, ora locale, a bordo del suo Yacht a Hyannis Port. Dapprima è irritato di venir informato così tardi sugli avvenimenti berlinesi, ma si calma subito. Con il Ministro del Esteri Dean Rusk abbozza una dichiarazione per la stampa e poi dice «Ora vado a far vela. Lei vada alla sua partita di Baseball come previsto.» Questa la dichiarazione preparata per la stampa. «Lo sbarramento di Berlino Est è per tutto il mondo l'evidente sconfitta del sistema comunista. Il regime della Germania dell'Est di Ulbricht è responsabile davanti al mondo della disumana segregazione dei propri connazionali.» Nella cerchia dei propri intimi, Kennedy non nasconde il suo sollievo: «Krusciev non avrebbe lasciato costruire un muro, se avesse davvero voluto prendersi Berlino Ovest. Se possedesse tutta la città, non avrebbe certo bisogno di un muro. ... Non è una soluzione particolarmente piacevole, ma un muro è dannatamente meglio di una guerra.»[3] C'è inoltre da considerare che le «tre condizioni essenziali» della politica americana a Berlino non erano a rischio: 1) Presenza degli Alleati occidentali a Berlino, 2) Libere vie d'accesso, 3) Diritto all'autodeterminazione per i berlinesi dell'Ovest. Per Washington non esistevano quindi i presupposti per una dimostrazione di forza.

A Berlino Ovest in questo 13 agosto si ha un'opinione completamente diversa sulla situazione.

Il sindaco in carica Willy Brandt è in viaggio tra Norimberga e Hannover su un treno elettorale speciale. Brandt è il candidato SPD alla Cancelleria nelle elezioni al Bundestag (Parlamento tedesco) previste per il successivo settembre 1961. Alle 4:30 viene svegliato da Heinrich Albertz, capo della cancelleria del Senato di Berlino. Brandt torna in città con il primo aereo. «All'aeroporto mi hanno accolto Albertz e Stumm, capo della polizia. Siamo andati alla Potsdamer Platz e alla Porta di Brandeburgo e dappertutto abbiamo visto la stessa cosa: muratori, ostacoli, piloni di cemento, filo spinato, militari della DDR. Al Municipio di Schöneberg (Municipio di Berlino Ovest fino alla caduta del Muro) mi è stato comunicato che panzer sovietici erano stati disposti tutt'intorno alla città e che Walter Ulbricht si era già congratulato con le unità addette alla costruzione del muro ...»[4]

17 August 1961 Berliner Zeitung Seite 3

Mittwoch, 16. August 1961 · 15 Pf

Bild ZEITUNG

UNABHÄNGIG · ÜBERPARTEILICH

Berliner illustrierte Nachtausgabe

Der Osten handelt – was tut der Westen?

...denn Zigarren raucht der Mann

Der Westen tut NICHTS!

Enttäuscht

Der Osten hat gehandelt. Der Osten handelt noch.

US-Präsident Kennedy schweigt...

Macmillan geht auf die Jagd...

...und Adenauer schimpft auf Brandt

Lesen Sie die Berichte auf den Seiten 2, 3, 4 und

„BZ"-Kommentar

Die Kriegstreiber isolieren sich

„Enttäuscht. – Der Osten hat gehandelt. Der Osten handelt noch." So beginnt das Massenblatt des Springer-Konzerns sein Klagelied. „Wir sind enttäuscht." So endet es an dieser Stelle jener Seite 1.

Enttäuscht und ungeheuer wütend zugleich sind die Kriegstreiber. Worüber? Darüber, daß ihr Westberlin-Programm gescheitert ist. Der „politische Lebenszweck" Westberlins sei verlorengegangen, schreibt die bürgerliche „Stuttgarter Zeitung" völlig einleuchtend.

Dieser „Lebenszweck", der nichts – aber auch gar nichts – mit den Interessen der friedlichen Westberliner zu tun hatte, bestand darin, Störzentrum gegen die DDR, gegen das ganze sozialistische Lager zu sein. Das haben Brandt und Konsorten oft genug deutlich gesagt. Das wollten sie in diesen Wochen auf die Spitze treiben.

Nun ist es aus mit der Menschenfängerei, mit dem Kinderraub, mit der Vergiftung unserer Jugend in den Grenzkinos, mit der 1:4-Korruption und was noch alles zum Frontstadt-Lebenszweck gehörte. Die DDR hat auf Empfehlung ihrer Partner des Warschauer Vertrages das Störzentrum dicht gemacht. Klappe zu – Affe dot, so sagt der Berliner. Herr B r a n d t, Sie sind damit gemeint!

Und was sich Herr Brandt als Antwort auf unsere Schutzmaßnahmen wünscht, den Gipfel der Scharfmacherei nämlich, das kommt nicht zustande. Es kommt nicht zustande, weil die Berechtigung unserer Vorkehrungen bei allen klardenkenden Politikern im Ausland erkannt worden ist; weil die Stärke des sozialistischen Lagers, das hinter unseren Maßnahmen steht, offenbar erkannt wird.

Und Brandts Scharfmacher-Forderungen verhallen, weil kein Engländer, kein Franzose und Italiener, kein Amerikaner oder Kanadier für eine Handvoll Westberliner Militaristen die Kastanien aus dem Feuer holen will. Millionen Menschen aus allen Klassen und Schichten auch der imperialistischen Staaten, vor allem aber die Arbeiterklasse dort, verstehen und billigen unser Vorgehen gegen die Friedensstörer.

Sehen Sie sich die drei Köpfe an, die „Bild" zeigt, und die fetten Zeilen dazu – dann können Sie sich denken, w i e die Kriegstreiber enttäuscht sind und w a r u m. Sogar von denen, die sie (fälschlich oder zu recht) für die eigenen Leute halten, isoliert zu sein, ist eine harte Nuß. Wohl darum hat „Bild" um seine Seite einen Stacheldraht montiert. Der paßt ganz gut ...

Maßlos enttäuscht schließlich sind jene Scharfmacher, weil die große Mehrheit unserer Bevölkerung hinter der Partei der Arbeiterklasse, hinter der Regierung der Deutschen Demokratischen Republik und ihren Maßnahmen steht, ja sie aktiv unterstützt.

Bleibt noch zu sagen: Eine solche Enttäuschung für die Militaristen ist uns ein Hochgenuß. Das Zeitalter des Sozialismus ist seit vielen Jahrzehnten voll von dergleichen Enttäuschungen und Schlägen gegen die imperialistischen Scharfmacher. Daß sie sich hiermit nicht abfinden wollen, ist ihre Sache. Daß sie sich damit abfinden müssen und immer neue Enttäuschungen erleben, ist u n s e r e Sache.

Dr. A.

Liebe Leser

DER

Berliner Zeitung

Wir erlauben uns, Ihnen hier in Originalgröße die gestrige Seite 1 der „Bild"-Zeitung zu präsentieren. Sie erscheint in Hamburg und Westberlin.

Platzverschwendung – werden Sie vielleicht sagen. Nun ja, wir haben einige Manuskripte zurückgestellt, die uns sehr am Herzen liegen.

Beispielsweise aus der Fülle der Zustimmungserklärungen, der Berichte von guten Taten, mit denen die Werktätigen unserer Republik auf die Schutzmaßnahmen ihrer Regierung antworten.

Diese Dokumente eines weiteren Schrittes in die neue Zeit, der Schritte zu einem sauberen Berlin, des Wachstums unserer Menschen haben wir sehr ungern zurückgestellt.

Aber wir meinen, daß diese Seite 1 aus „Bild" für manche unserer Bürger, die noch nicht ganz mit der Zeit gewachsen sind, interessant sein könnte.

Besonders denken wir an einige Grenzgänger, die bisher dergleichen Zeitungen zu lesen und sogar mitzubringen pflegten. Diese Bürger unseres Staates haben nun keine Gelegenheit mehr dazu. Wir verschaffen sie Ihnen heute.

Es könnte nämlich sein, daß diese Bürger zur Zeit noch geneigt sind, „ihrer" bisherigen Zeitung mehr Glauben zu schenken als unseren Argumenten. Mögen sie also lesen, wie „Bild" die Lage einschätzt.

Da unsere alten Leser eine Bemerkung zu dieser nicht alltäglichen Seite 1 eines Westblättchens erwarten dürften und unsere neuen Leser vielleicht das Bedürfnis haben, nun umzudenken, empfehlen wir den gegenüberstehenden BZ-Kommentar.

Il quotidiano dell'Est «Berliner Zeitung» presenta trionfante ai propri lettori questa prima pagina del quotidiano «Bild».

Nella stessa mattinata Brandt si reca presso il comando alleato di stanza in una villa periferica di Dahlem. Chiede insistentemente cosa pensano di fare gli Alleati occidentali ma raccoglie solo un imbarazzato silenzio. In crescente agitazione, il sindaco in carica pretende almeno una severa protesta nei confronti di Mosca, ed aggiunge: «Almeno mandate subito delle pattuglie alle frontiere tra i settori per toglier loro la sicurezza di poter fare ciò che vogliono e in modo da rassicurare i berlinesi dell'Ovest che non sono in pericolo!». E questo è quanto viene disposto dai tre comandi alleati che, del resto, vedono ben pochi motivi per ulteriori azioni; tanto più che sono in attesa di istruzioni dalle rispettive capitali.

Tra la popolazione di Berlino Ovest si diffonde la sensazione di essere stati piantati in asso. «L'Ovest non fa nulla» titola il quotidiano «Bild Zeitung» il 16 agosto esprimendo in questo modo i sentimenti di mezza città. In questa situazione Brandt si decide per un passo insolito: manda un telegramma – eludendo il comandante americano della città – direttamente al presidente degli Stati Uniti Kennedy . Con una franchezza poco diplomatica, il sindaco in carica pretende un'azione dimostrativa. «1. Mancanza di iniziative e attività di sola difesa potrebbero provocare una crisi di sfiducia nel confronti delle forze occidentali. 2. Inattività e atteggiamento puramente difensivo potrebbero portare ad una eccessiva sicurezza di sé da parte del regime di Berlino Est ...»

Il pomeriggio del 16 agosto circa 300 000 berlinesi dell'Ovest si radunano davanti al Municipio di Schöneberg per protestare. L'atmosfera è surriscaldata. Sui cartelli si legge: «Abbiamo bisogno di protezione. Dove sono le forze che ci proteggono» – «Le proteste non bastano. Ora lasciate parlare i fatti» – «Ingannati dall'Ovest». Brandt si trova di fronte ad un compito più che difficile. Da un lato deve tenere conto dei sentimenti della folla, dall'altro evitare che la situazione si aggravi e che si giunga ad atti avventati nei punti di sbarramento. Con il suo discorso trova il tono giusto: «L'Unione Sovietica ha allentato il guinzaglio al suo

Manifestazione di protesta con Willy Brandt il 16 agosto 1961 davanti al Municipio di Schöneberger.

cane da guardia Ulbricht. Gli ha permesso di lasciare avanzare le sue truppe nel settore orientale di questa città. ... Le proteste dei tre comandanti occidentali sono state adeguate, ma da sole non bastano.» A funzionari e militari della DDR rivolge un urgente appello: «Non lasciatevi trasformare in farabutti! Mostrate un atteggiamento umano, ovunque possibile, e soprattutto non sparate sui vostri connazionali! ... La città di Berlino si augura la pace, ma non si arrende.» Intanto a Washington giungono rapporti allarmanti da Berlino Ovest. Un collaboratore del Dipartimento di Stato telegrafa: «Si corre il pericolo che venga danneggiata quella merce facilmente deperibile chiamata speranza.»[5] In questa situazione Kennedy si decide per due azioni simboliche. Manda 1 500 GI (soldati americani) in rinforzo alla guarnigione americana. Raggiungono Berlino attraverso l'autostrada che parte da Helmstedt, dove vengono salutati freneticamente dalla popolazione. Contemporaneamente, il vicepresidente Lyndon B. Johnson raggiunge la città bloccata. Quando Johnson arriva il 19 agosto all'aeroporto di Tempelhof è sopraffatto dall'accoglienza trionfale. Centinaia di migliaia fiancheggiano le strade lungo il percorso nel settore occidentale.

La situazione a Berlino Est

Mentre le immagini della rabbia e delle proteste dei berlinesi dell'Ovest fanno il giro del mondo, dal settore orientale non filtra quasi nulla verso l'esterno. «Circolavano i tram e circolavano i camion verde oliva dei militari, pieni di soldati dal volto irrigidito.» Racconta lo scrittore Klaus Schlesinger il 13 agosto. «Ovunque le stesse immagini, catene di sbarramento, truppe d'assalto armate e da ambedue i lati la gente. Io ... correvo istintivamente per le strade che fiancheggiavano il confine ... ovunque gente che scuoteva la testa e agitava le braccia davanti a facciate fatiscenti. In un angolo si trovava un gruppo di donne che guardava dall'altra parte. Una gridò: Ai parenti di primo grado è consentito anche senza permesso, quelli di secondo debbono richiederlo.»[6]

Ampliamento della striscia di frontiera. Costruzione degli impianti di sbarramento al Checkpoint Charlie nel novembre del 1961.

La stampa della DDR diffonde solamente comunicazioni di festeggiamenti e manifestazioni di solidarietà. Il giornale «Neue Deutschland», il 14 agosto: «Possiamo tirare un sospiro di sollievo – Guai ai provocatori! – Parola degli operosi lavoratori della DDR e delle sua capitale.» Rapporti segreti – solo oggi accessibili – degli uffici direzionali della SED, danno uno spaccato dell'umore della popolazione di Berlino Est subito dopo la chiusura delle frontiere. Questi «rapporti d'informazione»[7] mostrano, sorprendentemente senza trucchi, un'immagine delle reazioni nei quartieri della città. In maniera davvero inequivocabile le comunicazioni, valutate centralmente e inoltrate ad Ulbricht, mostrano alla direzione della SED ciò che molte persone a Berlino Est pensano realmente del «muro di protezione antifascista».

Wollankstraße (dov'è situato il Quartier generale della Stasi), quartiere di Pankow, il lunedì 13 agosto, alle ore 10:30: l'informatore racconta: «Allora gridò una donna: ‹andiamo tutti in strada e protestiamo come si deve. Siamo tutti tedeschi, noi vogliamo andare dall'altra parte dai nostri fratelli.› Altri giovani gridavano alle guardie: ‹Vergogna! Siete complici della chiusura della frontiera se non ci lasciate passare. Voi non siete tedeschi.›»

Sempre il 13 agosto, dal quartiere di Weißensee arriva un rapporto dai toni più moderati: «C'è tutta una serie di dichiarazioni di sostegno, anche se isolate.» Poi: «I commenti negativi sono piuttosto numerosi. Questi i contenuti essenziali: – Approfondimento della spaccatura per nostra stessa mano, – limitazione della libertà, – questa non è una democrazia. Da molte dichiarazioni trapelano i timori di una nuova guerra.»

In molti casi il regime procede con durezza contro qualsiasi accenno di contestazione: «Alla stazione di Schönhauser Allee è stato arrestato un provocatore che tra le altre cose ripeteva: – Questa non è democrazia – e che avrebbe trovato un buco per passare dall'altra parte.»

«Sulla linea del tram E 69 nelle vicinanze dello zoo, un impiegato dell'azienda di trasporti cittadina ha lanciato una provocazione: ‹Però! devono avercene di fifa … 300 panzer mobilitati, rotaie saldate.› Quando

Novembre 1961: Alla Potsdamer Platz la frontiera viene fortificata con reti mimetiche e sbarramenti di panzer.

poi un compagno lo ha rimproverato, lui ha tirato in ballo i propri figli che non hanno banane da mangiare, etc. ... Al compagno è stato indicato come procedere in futuro contro questo tipo di provocatori.»

Tali «rapporti d'informazione» mostrano che ci furono diverse forme di protesta: «Nella sezione del settore carbone è stato arrestato un componente del gruppo di lotta che si era espresso in modo provocativo contro il Partito e il governo, rifiutandosi di eseguire degli ordini.» In altri punti ci furono «pause di lavoro» in coincidenza con uno sciopero di protesta indetto dal DGB (Deutscher Gewerkschaftsbund: Federazione dei sindacati tedeschi) a Berlino Ovest. Per es. nella centrale termica statale vengono sostituite le cinghie di trasmissione di una macchina, cosa che provoca naturalmente l'arresto del lavoro. Anche alla centrale del latte statale viene riparata una macchina alle ore 11:00, provocando anche in questo caso una «pausa di lavoro». Nel cantiere per i lavori del Muro nel quartiere di Treptow, durante la pausa pranzo del 15.08, su una parete viene verniciato lo slogan: «Ora a Berlino abbiamo il carcere. I colpevoli però non sono ancora stati arrestati.»

Nei giorni critici, la SED spedisce dozzine di «agitatori» nelle strade ad immischiarsi nelle discussioni e a sciogliere i capannelli di persone più numerosi. Il loro incarico non è dei più facili.

Si verificano casi singoli di aperto rifiuto: «Il compagno Danis della brigata Drolshagen si è rifiutato di costruire il muro alla frontiera tra i settori. È stato subito isolato dalla brigata, e più tardi gli sono stati ritirati i documenti (tessera di appartenenza alla SED – nota dell'Autore).»

Ci furono anche casi di protesta e di rifiuto degli ordini da parte di Vopos e guardie di frontiera. Il 15 agosto un ufficiale della Volkspolizei non si presenta a lavoro: «Nonostante che durante la discussione gli sia stato fatto notare il suo atteggiamento politico sbagliato, questi ha reagito con la consegna della sua tessera di partito e del libretto di servizio. Sono stati presi i necessari provvedimenti.» Secondo un rapporto indirizzato a Ulbricht, nella solo Berlino Est, alla fine di agosto, sono già state arrestate per proteste 2 192 persone, 691 delle quali condannate ad un lungo periodo detentivo. Entro l'ottobre del 1961, con l'impiego programmato di polizia e Stasi, la direzione della SED costringe al silenzio critiche e proteste.

Spari sui fuggitivi

Dopo la chiusura delle frontiere numerosi berlinesi dell'Est e cittadini della DDR vengono presi dal panico. «Ora o mai più» si dicono molti decidendosi per una fuga spontanea. Nei giorni e mesi dopo il 13 agosto si arriva ad una macabra gara tra fuggitivi e truppe di confine, che cercano di rendere filo spinato e muro sempre più insormontabili. I fuggitivi saltano il filo spinato, strisciano tra le recinzioni di sbarramento, sfondano la frontiere con i veicoli o attraversano a nuoto la Sprea o il Teltow Kanal. Già a metà di settembre, più di 600 persone, tra cui intere famiglie con bambini, sono passati a Berlino Ovest.

Particolarmente spettacolari le fughe della Bernauer Strße., dove le facciate di molti palazzi costituiscono il confine tra i settori. Sotto gli occhi di berlinesi dell'Ovest lì riuniti, molti berlinesi dell'Est sfruttano queste case per la fuga. Saltano dalle finestre, si calano con la corda o si lasciano cadere nei teloni di salvataggio dei pompieri di Berlino Ovest. Ripetutamente si verificano drammatiche situazioni, come ad es. il 24 settembre 1961, quando Vopos e agenti della Stasi cercano di tirare indietro una anziana di 77 anni già seduta su una finestra. Il 22 agosto 1961 la 59enne Ida Siekmann salta dal terzo piano di una casa sulla Bernauerstr. Nella caduta finisce fuori dall'apposito materasso predisposto e subisce fratture che si riveleranno mortali. Un uomo di 57 anni , il 19 agosto, si ferisce gravemente calandosi giù con una corda. Morirà il 17 settembre 1961. Sono le prime vittime del Muro di Berlino.

Come contromisura , il 24 settembre viene ordinato ai circa 2.000 abitanti della Bernauerstr. di lasciare le proprie case entro 4 giorni. La direzione distrettuale della SED, esige il trasloco totale anche per tutti gli abitanti della Luckauerstr. e della Liesenstraße: «Altrimenti non ci sarà mai pace in questo quartiere e continueranno i tentativi di fuga.»

Il 15 agosto i giornalisti che stazionano sulla Bernauer Str. sono testimoni di una fuga clamorosa: uno dei poliziotti di frontiera si comporta in modo strano. Più volte si avvicina al filo spinato e lo spinge verso il basso con la mano. Trascorrono alcuni minuti e improvvisamente, presa una breve rincorsa, il poliziotto salta sopra la barriera di filo spinato, lasciando cadere la sua MP. Rapidamente si infila in una camionetta della polizia di Berlino Ovest. L'immagine del primo poliziotto di frontiera fuggito, il 19enne Conrad Schumann, fa il giro del mondo.

Alle misure di controllo e di sbarramento partecipano nell'agosto del 1961 circa 18 000 uomini (NVA, Volkspolizei, appartenenti alle truppe d'assalto, polizia di frontiera, truppe trasportate). Lo scopo della loro mobilitazione lo scopriranno solo sul posto: nessuno si incarica del peso psicologico e morale del loro compito, benché la direzione strategica dell'operazione riunita attorno ad Honecker, avrebbe sempre più motivo di preoccuparsene. Aumentano i casi di diserzione. La tensione morale delle guardie è al massimo. Il 18 agosto viene comunicato che «il lavoro politico di partito con le forze di sicurezza non è ancora soddisfacente».[8] Immediatamente viene predisposto l'intervento dell'esperto propagandista Karl-Eduard von Schnitzler, con il compito di

15 agosto 1961. Il poliziotto Conrad Schumann (2. da sin.) riflette ancora sulla giusta decisione.

rafforzare l'orientamento ideologico incerto delle truppe. Anche questo però non riesce ad evitare che il numero dei disertori continui ad aumentare.

Nelle prime sei settimane dopo la chiusura delle frontiere, sono già 85 le guardie di frontiera fuggite a Berlino Ovest. Come conseguenza dell'alto numero di diserzioni, viene intensificata la formazione politico-ideologica della truppe di frontiera. Aumentano controllo e sanzioni nei reggimenti di stanza alle frontiere.

Il pomeriggio del 24 agosto 1961 il sarto 24enne Günter Liftin corre verso la frontiera lungo i binari della stazione di Friedrichstraße. Una guardia della Polizia da Trasporto (Trapo) gli ordina di fermarsi e spara due colpi in aria. Liftin si butta in acqua nell' Humboldthafen e nuota per raggiungere la riva del settore occidentale. Militaresco e freddo, il rapporto del direttore territoriale della Trapo che riporta ciò che è avvenuto in seguito: «Dopo che è stata sparata in acqua una salva di MPI di tre colpi a pochi metri, senza che il fuggitivo accennasse a tornare indietro, sono seguiti due colpi di precisione, in seguito ai quali il fuggitivo è affondato.»[10] Due ore dopo i Vopos recuperano dalla Sprea il suo cadavere.

I tentativi di fuga – «gli sfondamenti» nel gergo delle truppe di frontiera – diventano sempre più difficili e pericolosi. Il 29 agosto viene ucciso un uomo che tentava di attraversare il Teltowkanal a nuoto. Il 13 ottobre un fuggitivo viene ucciso dalla Polizia da Trasporto alla frontiera tra Potsdam-Babelsberg e Berlino Ovest. Fino alla fine dell'ottobre del 1961 muoiono 15 persone al confine con Berlino Ovest.

Ogni fuga, di cui le truppe di frontiera della DDR vengono a conoscenza, viene minuziosamente registrata. Sia i mezzi utilizzati, come ad es. veicolo o barca, sia le precise condizioni della fuga, vengono annotate. Queste informazioni vengono ana-

Il salto verso la libertà – un'immagine che fece il giro del mondo. (Foto: Peter Leibing)

lizzate dallo Stato maggiore e costituiscono la base per la costruzione di ulteriore fortificazioni alla frontiera. Anche se l'organizzazione della sorveglianza delle frontiere e dei successivi sistemi di sbarramento procedono velocemente, le truppe di frontiera registrano, fino al 18 settembre 1961, già 216 sfondamenti con la partecipazione di 417 persone. Ad una riunione del Comitato centrale, a nome dell'Ufficio politico, Honecker ammonisce le «pionieristiche misure ancora insufficienti per la sicurezza del confine di stato a Berlino». Ai comandanti delle truppe di frontiera chiede di intervenire in maniera più adeguata. «Tutti i tentativi di sfondare la frontiera devono essere resi impossibili.»[11] Secondo il protocollo della riunione del Ufficio politico in data 22 agosto 1961, per impedire i tentativi di fuga si dovrebbe anche sparare con precisione, se non ci fossero altre possibilità di bloccarli. «Contro i traditori e chi non rispetta le frontiere si devono utilizzare armi da fuoco. L'area di sorveglianza e di tiro deve essere ricavata all'interno della zona di sbarramento.»

Ciononostante, una rilevazione delle truppe di frontiera registra nell'ottobre 1961 ancora 85 sfondamenti di frontiera – «49 casi semplici; 36 casi difficili» – durante i quali a 151 persone (negli atti precisamente suddivisi per età e sesso) è riuscita la fuga verso Berlino Ovest. Nel rapporto, alla voce «Direzione» ci sono due liste: «DDR – Ovest» e «Ovest – DDR». La seconda è vuota. Quali metodi di fuga più frequenti, il rapporto indica il «taglio» del filo spinato o il suo superamento «strisciando» di sotto, oppure «lo scavalcamento del Muro».

Indubbiamente le guardie di frontiera erano obbligate anche a sparare colpi di «precisione» per evitare che «la frontiera

Appello delle «truppe d'assalto della classe operaia» il 23 agosto 1961. Ulbricht (davanti), Honecker (2. da sin.) e Verner (4. da sin.) ringraziano per l' «esemplare azione».

venisse sfondata». Questo sarebbe però dovuto essere, secondo il volere dei responsabili di Partito e dei militari, soltanto il provvedimento estremo. Gli spari nei pressi del Muro e alla frontiera interna della Germania, dovevano essere evitati se non altro in considerazione dei danni che ne derivavano alla reputazione internazionale della DDR. Anche per questo il sistema di sorveglianza della frontiera venne scaglionato e organizzato in maniera sempre più capillare – con più zone di sbarramento, con «volontari», etc. – per evitare a coloro che fossero intenzionati a fuggire di avvicinarsi alla zona di tiro e al Muro.

Nel maggio del 1962, in occasione di uno spettacolare incidente nei pressi del Muro, si arriva ad un vero e proprio scambio di colpi d'arma da fuoco tra poliziotti di frontiera della DDR e quelli di Berlino Ovest. Un giovane di soli 15 anni di Thüringen, Wilfried T., verso le 17:45 salta nello Schifffahrtskanal di Spandau, dirigendosi a nuoto in direzione Berlino Ovest. Le guardie di frontiera della DDR aprono il fuoco. Nonostante diverse ferite Wilfried T. riesce a raggiungere la riva occidentale, dove viene aiutato da alcuni lavoratori che si trovavano sul posto. Nonostante ciò i soldati della DDR continuano a sparare sul fuggitivo. Due poliziotti di Berlino Ovest rispondono al fuoco. Durante l'intenso scambio di colpi, Peter Göring, 21enne soldato di frontiera della DDR, viene colpito a morte. In tutto, i poliziotti di frontiera della DDR hanno sparato 121 colpi.

Nell'agosto del 1962, la dolorosa morte di Peter Fechter mostra con spietata chiarezza agli occhi di tutto il mondo la mostruosità del Muro. Il 18enne muratore vuole fuggire all'Ovest insieme ad un collega di lavoro. Ci provano all'altezza della Zimmerstr., nei

Übersicht über bestätigte Fahnenfluchten

Lfd. Nr.	Datum	Dienstgr.	Name, Vorname	Einheit	flüchtig mit Waffe/Mun.	Wo	Wie
1.	~~12.8. 15.00 h~~	~~Ltn.~~	Pilz, ~~Wilfried~~	~~III./Brig.~~	/	/	~~P. verliess am 12.8. - 15 h seine Wohnung~~
2.	15.8. 15.40 h	Owm.	Schumann, Konrad	I.Brig.	mit MPi	Stützpunkt 3 Bernauer - Ecke Rubiner Strasse	Übersteigen der Drahtsperre
3.	16.8. 16.30 h	Uwm.	Oschmann, Helmut	Lehrber.	Leuchtp. 20 Schuss	Schönefelder Str.-Bahnh. Schönefeld	nagelten bei Sperrenbau so, dass immer 100m voraus
4.	16.8. 16.30 h	Uwm.	Phillipeit, Jürgen	Lehrber.	/	dto.	dto.
5.	16.8. 18.00 h	Uwm.	Strauss, Werner	Lehrber.	Karabiner"S" 20 Schuss	Nähe Schönef. Strasse	unter Vorspiegelung Essen zu empfangen und Überprüfung, ob Arbeitsgeräte liegen geblieben, überschritten die Grenze
6.	16.8. 18.00 h	Uwm.	Luding, Klaus	Lehrber.	dto.	dto.	dto.
7.	17.8. 01.20 h	Uwm.	Höhth, Ulli	8. Ber.	mit MPi.	Stützpunkt 10 KP 70 Massantebrücke	Durchkriechen der Drahtsperre
8.	17.8. 01.00 h	Anw.	Dachsel, Günter	9. Ber.	m. Pistole "M"	Stützpunkt 10 Dagmarstieg	Übersteigen des Stacheldrahtzaunes
9.	17.8. 0.30 h	Uwm.	Katzer, Rudolf	I./Brig.	MPi u. 40 Schuss	Koboltwerk, Brunnenstrasse	Übersteigen der Mauer des Betriebes welche gleichzeitig Grenze ist

- 2 -

208

Sul numero e condizioni delle diserzioni a Berlino Est veniva registrato tutto molto precisamente.

pressi immediati di Checkpoint Charlie. Ambedue hanno già superato il primo reticolato quando le guardie li scoprono e, dopo un primo avvertimento, sparano. Mentre l'amico riesce a scavalcare le barriere, Peter Fechter, colpito alla schiena e al ventre, rimane sdraiato sotto il Muro dalla parte orientale. Le guardie della DDR non mostrano la minima intenzione di aiutare il ferito. I poliziotti di Berlino Ovest non possono raggiungere Fechter, che chiede aiuto, in quanto si trova ancora in territorio di Berlino Est. Non sapendo cosa fare, gettano al ferito grave l'occorrente per una prima medicazione. Anche i soldati americani in servizio al Checkpoint Charlie non si azzardano ad entrare nel territorio di Berlino Est per portare aiuto al ferito. Nella parte occidentale del Muro si raccolgono centinaia di berlinesi dell'Ovest che con rabbia impo-

25 08 06
264

Ministerium des Innern
Bereitschaftspolizei
1. Grenzbrigade (B)
– Leiter Operativ –

O.U., den 18.10.1961

An das
Kommando der Bereitschaftspolizei
Leiter Operativ
Oberstleutnant Z i e s c h o w

Betr.: Schußwaffengebräuche bei Grenzdurchbrüchen und versuchten Grenzdurchbrüchen in der Zeit vom 13.08. – 10.10.1961

Bezug: Telefonische Anweisung vom 17.10.1961

Z e i t	Warnschüsse	Zielschüsse	erzielte Wirkung
13.08 – 31.08.	3	1	1 Toter
01.09.– 10.09.	–	–	–
11.09.– 20.09.	6	3	2 Verletzte
21.09.– 30.09.	29	10	9 Verletzte 29 Festnahmen
01.10.– 10.10.	12	4	1 Toter 2 Verletzte 11 Festnahmen
Gesamt	50	18	2 Tote 13 Verletzte 40 Festnahmen

Il 24 agosto 1961 vennero sparati i primi colpi d'arma da fuoco mortali durante un tentativo di fuga.

tente e indignazione insultano le guardie della DDR gridando loro di correre in aiuto del ferito. Implorano anche un intervento degli americani, ma è tutto inutile. Impalati, fissandosi a vicenda, tutti si fronteggiano senza muoversi: poliziotti dell'Ovest che non possono correre in aiuto e guardie della DDR che non vogliono (o non potevano?). Dopo un'ora, Peter Fechter, ormai in fin di vita, viene portato via da poliziotti di frontiera della DDR. Nessun incidente al Muro ha turbato così tanto i berlinesi come la morte lenta di Peter Fechter. Nei giorni successivi a Berlino Ovest ci sono furiose dimostrazioni di protesta. Alcune persone lanciano pietre contro il bus che porta i soldati sovietici verso il monumento commemorativo situato nel Tiergarten. La rabbia si riversa anche sugli alleati. Per la prima volta si verificano insulti e atti di violenza nei confronti di appartenenti a corpi militari americani.

Perché le guardie di frontiera della DDR non hanno aiutato il ferito Fechter? Un aspetto di questa questione mai chiarita è che probabilmente anche loro avevano paura. Nella settimana precedente, due soldati di frontiera della DDR erano stati uccisi: uno dai colpi d'arma da fuoco di un fuggitivo – al Checkpoint Charlie, il luogo dove Peter Fechter morì – il secondo durante lo scontro con i poliziotti di Berlino Ovest.

La morte di Peter Fechter provocò un cambiamento di coscienza nei berlinesi dell'Ovest e nei politici. Il riserbo degli americani aveva mostrato ai politici berlinesi che spettava a loro il compito di diminuire, almeno in parte, la tensione alla frontiera, rendendola più accettabile nei limiti del possibile. Tra i politici berlinesi, oltre a Willy Brandt, erano soprattutto Egon Bahr e Heinrich Albertz, a voler realizzare una concreta politica di distensione partendo da questa dolorosa esperienza.

Potsdamer Platz, novembre 1961. Il Muro diventa lentamente anche oggetto di osservazione.

ALL'OMBRA DEL MURO

Separazioni

Il Muro ha trafitto la carne viva di una città. Ha diviso famiglie, amicizie, partner. Prima della chiusura delle frontiere centinaia di migliaia di berlinesi attraversavano giornalmente la frontiera tra i settori per visitare parenti, amici, per far la spesa, andar dal parrucchiere, al cinema. Circa 12 000 berlinesi dell'Ovest lavoravano nell'Est. 53 000 erano i berlinesi dell'Est che si recavano quotidianamente a lavoro nella parte Ovest, guardati male dai propri vicini per via dei «soldi occidentali» là guadagnati. Di colpo, tutto questo divenne impossibile nell'agosto del 1961.

Parenti e amici si ritrovarono improvvisamente lontani l'uno dall'altro come su due pianeti diversi. Il 23 agosto vennero chiusi gli ultimi passaggi lasciati aperti per il berlinesi del settore occidentale. Il governo della DDR offrì di consegnare un lasciapassare agli abitanti della parte occidentale che si fossero recati a chiederlo alla stazione di Berlin-Zoo, cioè nel settore di propria competenza. Il Senato di Berlino Ovest rifiutò tassativamente, poiché questo passo avrebbe significato permettere al governo della DDR di esercitare diritti di sovranità anche nella parte occidentale della città. Con la chiusura delle frontiere erano state tagliate le ultime possibilità di contatto all'interno della città. Non esistevano più collegamenti telefonici. I contatti con zii e zie, nonni e nipoti erano possibili solo grazie a sguardi e grida attraverso fili spinati e al di sopra del Muro che veniva innalzato.

Saluti con le mani, brevi sguardi appena al di sopra del Muro – presto anche questo non sarebbe più stato possibile. Gli sbarramenti diventavano sempre più fitti, il regime di separazione più duro. Il 15 agosto, in diversi punti della città, la DDR iniziò a sostituire il filo spinato con il Muro. Fu dapprima eretto con foratini, ma dal novembre del 1961 vennero poi sovrapposte piastre di cemento una sopra l'altra. Poco alla volta la frontiera sbarrata divenne un muro.

La costruzione del Muro ebbe come conseguenza anche il consolidamento del regime: ora nessuno poteva più fuggire. La SED rafforzò la repressione dopo il 13 agosto –

Nelle prime settimane la polizia della DDR permette ancora che la gente si faccia cenni al di sopra del Muro.

nella seconda metà del 1961 vennero emanate 18 297 sentenze politiche, contro le 4 442 della prima meta – ma poi, poco a poco, la ferrea segregazione si allentò. Nel 1963/64 la situazione economica e lo standard di vita migliorarono lentamente ma in modo continuo, e molta gente si adattò più facilmente alle condizioni esistenti. Lo scrittore Günter de Bruyn ricorda: «Nonostante tutto bisognava viverci, non ci si poteva rimproverare per anni, per decenni, di essere degli stupidi perché non si era fatto il passo verso l'Ovest in tempo, non ci si poteva struggere eternamente dietro al Kurfürstendamm o al Britzer Dorfteich, non si poteva continuamente soffrire di non godere più del Taunus o dell' Odenwald o che si fosse esclusi da Kopenhagen, Parigi o Roma. Si doveva dimenticare che la tanto spesso visitata Ackerstr, proseguiva verso nord, e se si di sentiva sferragliare sotto la pavimentazione stradale la metropolitana da Ovest verso Ovest ad

Questa coppia di berlinesi dell'Ovest può salutare i genitori della sposa solo a distanza.

intervalli di 5 minuti, ad un certo punto si doveva smettere di pensare: – Ah! Se potessi andare a Tegel o a Neukölln –. Per poter vivere rinchiusi, si doveva cercare di vivere come se non si fosse rinchiusi.»[12]

Quasi tutta l'infrastruttura cittadina era stata compressa dal Muro. Addirittura le fognature erano separate da una grata. Particolarmente estremo era il taglio all'interno della rete sotterranea della metropolitana e di quella sopraelevata, una delle arterie vitali di Berlino. Per i berlinesi dell'Ovest, Gesundbrunnen, Wannsee, Sonnenallee o Lichternrade erano ora diventati già capolinea; per i berlinesi dell'Est lo era Friedrichstraße.

«Entrare» nella parte Est senza carta d'identità, senza controllo. C'era anche questo nella completa assurdità di un sistema – a Berlino. E all'assurdità della divisione apparteneva di diritto anche la stazione della S-Bahn di Wollankstr. nel tratto nord-sud. La stazione si trovava nel quartiere orientale di Pankow, immediatamente al confine con Wedding, e poteva essere utilizzata solo dai berlinesi dell'Ovest. Un cartello richiamava l'attenzione dei viaggiatori: «Attenzione! Questa entrata e la stazione stessa si trovano nel settore sovietico».

«Stop! Zona di frontiera!» – Vivere e lavorare sotto il Muro

Più di 120 000 persone abitavano e lavoravano nelle immediate vicinanze del Muro nel territorio di Berlino Est e della DDR. 120 000 potenziali fuggitivi – oppure altrettanti «volontari aiutanti delle truppe di frontiera»?

Nel giugno del 1963 venne dichiarata ufficialmente «la zona di frontiera» nei pressi del Muro, che poteva venir attraversata

Controllo dei lasciapassare nella »zona di frontiera« di Berlino Est grazie agli «ausiliari volontari».

Passierschein F 39906
zum vorübergehenden Aufenthalt im Schutzstreifen
Herr / Frau / Fräulein Pausdorf (Name)
Otto (Vorname)
ist berechtigt, sich aus dienstlichen / privaten Gründen in der Zeit vom 01.03.72 bis 03.07.72
bei Krause, Lanke Str. 2 in Kl.-Glienicke (Ort und Kreis) Kr.Potsdam aufzuhalten.
Der Passierschein ist nur gültig in Verbindung mit dem Personalausweis Nr. IV 1245567
Mitgeführtes Kraftfahrzeug (pol. Kennz.) –
Hinweise auf der Rückseite beachten!
..., den ... 197..
PM 107 (87/11) Ag 106/4771/71 DS (Unterschrift)
Muster

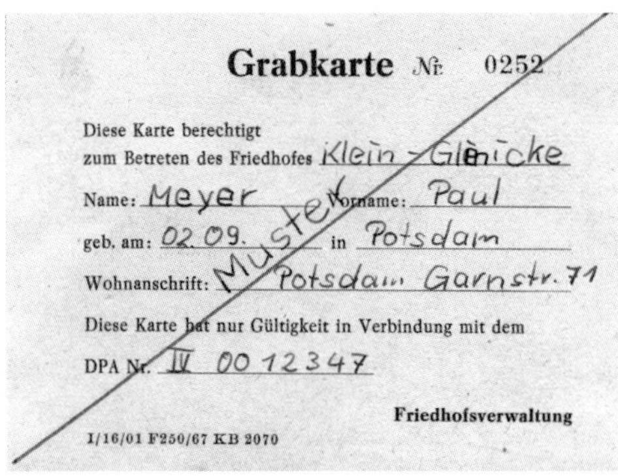

Grabkarte Nr. 0252
Diese Karte berechtigt zum Betreten des Friedhofes Klein-Glienicke
Name: Meyer Vorname: Paul
geb. am: 02.09. in Potsdam
Wohnanschrift: Potsdam Garnstr. 71
Diese Karte hat nur Gültigkeit in Verbindung mit dem DPA Nr. IV 0012347
Friedhofsverwaltung
1/16/01 F250/67 KB 2070
Muster

Chi abitava, lavorava o voleva visitare un cimitero nella «zona di frontiera» doveva farsi rilasciare un permesso o un «certificato di sepoltura».

solamente con un permesso. Era larga dai 40 metri al 1,5 km, calcolando dal «muro interno», il primo sbarramento di confine ad est, e che per i berlinesi del settore orientale costituiva il vero confine. Quel muro di cemento alto 3,60 metri, che all'Ovest era considerato come il Muro, gli abitanti dell'Est non lo videro fino al 1989.

In alcuni punti della «frontiera all'anello più esterno», la zona di confine si estendeva fino a 2,5 km nei dintorni. Era contrassegnata da cartelli con la scritta «Stop! Zona di frontiera!». Strade e vie d'accesso erano normalmente bloccate da «sbarramenti di fioriere». La regolamentazione d'accesso era applicata in modo restrittivo: «Permessi eccezionali per i cittadini che devono attraversare le barriere di protezione per motivi di lavoro o perché devono raggiungere la propria abitazione, devono essere concessi solo in casi chiaramente giustificati.»

La spontaneità non è mai stata considerata una qualità nella DDR; nella zona di frontiera ancora meno. Chi voleva far visita ai parenti residenti dall'altra parte, doveva inoltrare la richiesta alla polizia – per il permesso si poteva aspettare fino a quattro settimane. Non che ci fossero punti fissi di controllo, ma ci si doveva aspettare in ogni momento di dover mostrare la propria «autorizzazione». Al controllo erano addetti, oltre alle truppe di frontiera, la polizia, i collaboratori della Stasi e i cosiddetti «aiutanti volontari».

Le richieste venivano inoltrate attraverso il dipartimento degli Interni all'ufficio distrettuale della Stasi. Lì venivano controllati i fascicoli dei richiedenti in modo estremamente preciso, quindi le richieste venivano rispedite alla polizia con la nota «nessun impedimento» oppure «rifiutato» – senza spiegazioni.

Un particolare «problema per la sicurezza», erano le fabbriche situate nella zona di frontiera. Ripetutamente il comando delle truppe di frontiera insisteva per misure di sbarramento rafforzate: «In fabbriche e in altri posti di lavoro nella zona di frontiera … devono essere imposte misure di ordine e sicurezza che … escludano ogni possibilità di superamento delle frontiere. …»[14]

Anche molti cimiteri, come l' Invalidenfriedhof oppure il Sophie-Friedhof, erano situati in zona di frontiera. Anche per l'accesso a questi cimiteri si doveva richiedere una speciale tessera cimiteriale. Anche gli operai occupati presso il Muro dovevano procurarsi un «lasciapassare per soggiorno temporaneo nella zona di confine».

Secondo una relazione del Ministero della Difesa per es. nel 1975 vennero rilasciati per tutta la zona intorno a Berlino Ovest in tutto 88 579 lasciapassare. Quando poi i tentativi di fuga tra gli abitanti delle zone di frontiera aumentarono, il comando delle truppe di frontiera pretese alla fine del 1988, che alle persone che avevano inoltrato la richiesta di viaggio fuori dalla DDR, non venissero più assegnati appartamenti in quella zona di confine. I «richiedenti» che vivevano là dovevano se possibile essere «spostati».

La direzione della DDR voleva esercitare il controllo il più capillare possibile e non si tirava indietro davanti a metodi piuttosto decisi. Molte case furono abbattute per procurare alle truppe di frontiera «visuale e campo di tiro liberi». Soprattutto negli anni '60 vennero disposti lavori di abbattimento e evacuazione. In questo modo sarebbero stati livellati alcuni punti «senza visibilità», soprattutto a Berlino Est. Interi isolati e stabilimenti vennero abbattuti nell'ambito di questi «provvedimenti regolatori» e l'area infine spianata. Diverse migliaia di persone dovettero abbandonare il proprio appartamento.

Vivere direttamente vicino al Muro rappresentava un peso particolare per molti, se non per tutti coloro che vi erano coinvolti. Aver continuamente sotto gli occhi le pattuglie di confine, la zona deserta pericolosa e illuminato di notte; doversi confrontare di continuo con la realtà del mondo al di là del Muro da cui si era esclusi: chi non avrebbe iniziato a congetturare piani di fuga? Così si giunse ad una agevolazione per il lavoratori e gli abitanti della zona di frontiera. Non più solo controlli e repressioni, ma anche un aumento di paga del 15 %. Nelle zone vicino alla frontiera – soprattutto nei territori interni tedeschi, ma anche nella zona di confine con Berlino Ovest – si doveva provvedere ad una buona «condizione di approviggionamento». «La sicurezza dell'approviggionamento della popolazione nei distretti e nei comuni di frontiera è un compito di primario significato politico per le aziende commerciali e per quelle che forniscono servizi di utilità pubblica. I consigli distrettuali e dei quartieri sono responsabili … di un'assistenza e di un approvvigionamento alimentare rilevante.»[15]

Ma in realtà era spesso tutt'altra cosa. Un exabitante della zona di frontiera: «Venivano … declamati di continuo grandi discorsi sull'approvvigionamento della zona di frontiera, e poi il nostro supermercato era sempre lì a dimostrarci tutto il contrario di quel che dicevano.» Gli abitanti della zona di frontiera dovevano sopportare diversi inconvenienti. Il controllo era serrato e fastidioso. «Ogni notte venivano i soldati e guardavano in cantina e in mansarda. Alle due di notte si fermava la motocicletta con le guardie di confine. Aprivano e andavano in cantina. … Noi dovevamo spostare tutto, anche la coperta davanti alla porta della cantina oppure farci un buco …, così che potessero illuminare tutto.»[16]

Ma le attività delle truppe di frontiera non potevano impedire che cittadini della DDR cercassero continuamente di fuggire.

Il Muro a Teltow. Sicuro contro le violazioni, ma sicuramente anche oppressivo per chi ci viveva.

AZIONI DI FUGA

Fughe attraverso i tunnel

Uno voleva «tirar fuori» la propria ragazza, l'altro aveva ancora un conto aperto con la SED, due hanno partecipato per solidarietà e per spirito di avventura. Cinque mesi dopo la costruzione del Muro, Hasso, Ulli, Gigi e Mommo, quattro studenti di Berlino Ovest, facevano dei piani per superare il Muro. Il risultato fu una delle imprese di fuga più spettacolari in assoluto – con la partecipazione «live»della televisone.

La fuga attraverso le fognature – nel frattempo bloccata da una grata – fu subito scartata. Le violazioni dirette della frontiera diventavano sempre più pericolose; diversi fuggitivi erano già stati uccisi. Il tunnel apparve come la soluzione migliore. Per diversi giorni i quattro di Berlino Ovest cercarono la zona adatta, scegliendo poi come luogo più idoneo un impianto industriale diroccato sulla Bernauer Str. 73.

In cantina si andò prima 7 metri in profondità, poi sempre dritto. Si scavava 24ore su 24, in tre turni, avanzando giornalmente da uno e tre metri, a seconda delle condizioni del terreno. In tutto parteciparono 41 uomini. Per l'aerazione fu attivato un sistema improvvisato fatto di ventilatori e tubi di stufa.

Attraverso un giornalista, gli ideatori del tunnel presero contatto con una televisione americana, che filmò i primi stadi dell'azione. Anche per il personale televisivo fungeva l' estremo grado di segretezza. Vennero trasportati a Wedding in un camioncino Volkwagen con finestrini oscurati e dovettero scendere in cantina con gli occhi bendati. Per la società televisiva NBC i diritti per l'esclusiva del reportage valevano 12 000 dollari. Soldi che agli ideatori del progetto avrebbero sicuramente fatto comodo.

All'inizio del settembre del 1962 il superamento della frontiera era riuscito. Ora i fuggitivi dovevano venir informati nella maniera più discreta possibile. Una giovane donna della Germania dell'Ovest assunse questo ruolo alquanto rischioso, visto che ai cittadini della Repubblica Federale, al contrario dei Berlinesi dell'Ovest, non era vietato entrare a Berlino Est. Andò in un bar di Berlino Est e ordinò un caffè: il segnale prestabilito. Di caffè non ce n'era, ma i fuggitivi radunatisi nel locale sapevano di cosa si trattava. La donna – staffetta bevve una brandy e lasciò il bar. Cercando di non dare nell'occhio, il gruppo si diresse in una casa nella Schönholzer Straße.

Alla fine del tunnel aspettava già Hasso – con un MPi carico. Non si poteva sapere infatti chi ci si sarebbe trovato davanti nel momento in cui anche l'ultima barriera fosse caduta. Poi il momento cruciale. Hasso si lanciò contro la porta della cantina dietro la quale si trovavano diverse persone che lo fissarono spaventate. Si poteva iniziare, uno

Fotomontaggio? Foto d'arresto di un fuggitivo negli atti delle truppe di frontiera.

dopo l'altro i fuggitivi scesero nel tunnel e strisciarono per 150 metri verso l'Ovest. 29 persone in tutto raggiunsero in quel 14 settembre 1962 la luce del giorno sulla Bernauer straße, sporchi ma felici. Uno di coloro che aiutarono i fuggitivi poté abbracciare per la prima volta suo figlio di 5 mesi. Anche questa scena venne filmata dal team televisivo della NBC.

Nelle prime settimane dopo la chiusura delle frontiere molte persone erano fuggite. Gli impianti di sbarramento intorno a Berlino Ovest consistevano per la maggior parte solo in reticolati di filo spinato e recinzioni, che in molti punti si potevano superare senza troppe difficoltà, anche se sempre a rischio della propria vita. Nonostante che gli spari non fossero ormai più solo di intimidazione, la gente osava lo stesso rischiare.

Tra il 1962 e il 1963 , ci fu il periodo caldo della costruzione di tunnel. La prima grande fuga attraverso un tunnel riuscì, dopo una preparazione di diverse settimane, il 24 gennaio 1962 sulla Oranienburger Chaussee: 28 persone strisciarono sotto gli impianti di sbarramento verso l'Ovest. Poco lontano, nella primavera dello stesso anno, un altro gruppo costituito per la maggior parte da persone anziane, scavò un tunnel lungo 32 metri e alto fino a 1,75 metri. Sotto la direzione di un ottantunenne, 12 fuggitivi raggiunsero Berlino Ovest il 5 maggio 1962. Nel giugno del 1962 ,15 abitanti della DDR scavarono in direzione Ovest a Hermsdorf, Britz e Neukölln.

Ma presto furono prese efficaci contromisure. Diversi progetti vennero scoperti in tempo dalle truppe di frontiera della DDR e i fuggitivi, come gli aiutanti, vennero arrestati. Spesso la causa del fallimento fu la scarsa cura dei preparativi e dei camuffamenti. In una occasione si arrivò anche a sparare. Il 6 ottobre 1962 in un tunnel scoperto, scavato a partire dalla Elsenstraße a Neukölln, venne ucciso un berlinese dell'Ovest che aiutava nell'impresa. Alcune settimane prima, il 18 giugno 1962, il soldato di frontiera della DDR Reinhold Huhn era stato ucciso a colpi d'arma da fuoco nelle vicinanze del Checkpoint Charlie. Il trentunenne Rudolf M. aveva scavato dall'area del palazzo dell'Axel-Springer-Verlag a Kreuzberg, un tunnel lungo 22 metri, che finiva nella cantina di una casa nella Zimmerstraße a Berlino Est. Attraverso questo tunnel M. voleva portare la propria famiglia nell'Ovest. Quando il gruppo di fuggitivi si avvicinò all'entrata del tunnel, venne fermato dalla guardia di frontiera della DDR. M. tirò fuori la pistola e sparò. Il ventenne Reinhold Hunh venne colpito a morte.

Nella costruzione dei tunnel vi erano veri e propri specialisti. Wolfgang Fuchs era uno di loro. La stampa, che faceva sempre molto baccano intorno alle sue azioni, lo aveva soprannominato «Tunnel-Fuchs» (il soprannome «Tunnel-Fuchs», composto dal cognome del personaggio e da «tunnel», acquista un secondo significato in tedesco, e cioè «la volpe dei tunnel»). In questa prima fase i costruttori di tunnel ricevevano davvero un gran appoggio finanziario e materiale. I più importanti finanziatori erano case editrici come Springer-Verlag , oppure la rivista «Stern», che si assicuravano i diritti d'esclusiva per grandi reportage fotografici. Attraverso canali segreti anche alcuni uffici del Senato di Berlino Ovest assicurarono per certi periodi alcune agevolazioni per la riuscita di questo tipo di imprese. Era già la sua settima azione, quella che Wolfgang Fuchs mise in piedi nell'autunno del 1964 con studenti della Technische Universität. Dalla cantina di una panetteria situata in un punto tranquillo nella Bernauer Straße, realizzarono un tunnel di 12 m di profondità in direzione Ovest. Come quasi tutti i partecipanti Fuchs lavorava in questa fase ancora per idealismo e non per interesse privato. Con un lavoro di diversi mesi, in tre turni di 24ore su 24, scavarono un tunnel di 145 metri di lunghezza e di 70 cm di altezza. Attraverso questo stretto cunicolo passarono nell'Ovest complessivamente 57 fuggitivi tra il 3 e il 5 ottobre 1964. Dopo tre notti il tunnel venne scoperto dai soldati di frontiera della DDR. Si giunse ad uno scambio di colpi, durante il quale la guardia della DDR Egon Schultz venne ucciso.

Dopo gli spari alla Bernauer Straße si concluse il periodo delle fughe via tunnel. I finanziatori privati si tirarono indietro; anche l'appoggio politico venne a mancare, non per ultimo in conseguenza del tentativo da parte del Senato e del governo federale, di rendere il Muro superabile attraverso l'azione politica.

Passaggi clandestini e violazioni di frontiera

A partire dal 1963 circa, per fuggire occorrevano non solo coraggio e fantasia, ma anche soldi in quantità sempre maggiori. Per un fuggitivo bisognava pagare fino a 2 000 DM. S'intende che i costruttori di tunnel, come per es. il semiprofessionista chiamato «il grasso», non sarebbero certo per questo diventati ricchi. I soldi infatti bastavano quasi soltanto per la costruzione del tunnel, per il quale «il grasso» presentò ad un reporter di «Stern» un preventivo complessivo di 28 000 DM. Tuttavia, partecipare ad una fuga come aiutante iniziava a diventare lentamente anche un affare redditizio. Nei giornali di Berlino Ovest apparivano

Nella cantina di questa casa terminava un tunnel attraverso il quale 57 fuggiti raggiunsero l'Ovest.

piccoli annunci camuffati, dove per es veniva offerto «Aiuto per difficoltà famigliari» – ulteriori informazioni ai successivi numeri telefonici. In questo modo si prendeva contatto con berlinesi dell'Ovest che volevano «portar fuori» amici e parenti dalla DDR. Quanto più rischioso diventava, tanto più si alzavano i prezzi. Alla fine degli anni settanta, occorrevano dai 15 000 fino ai 20 000 DM a persona.

Coloro che aiutavano nella fuga, diventati professionisti, svilupparono metodi sempre più raffinati per portar fuori la gente dalla DDR. I più comuni erano veicoli adattati e passaporti stranieri. In questo ultimo caso venivano ingaggiati in Olanda giovani che, in cambio di una «partecipazione al compenso», entravano a Berlino Est e denunciavano lo smarrimento del proprio passaporto con il quale, intanto, un fuggitivo aveva superato i controlli.

Frequenti erano anche i tentativi di fuga in veicoli adattati. Fuggitivi e aiutanti dimostravano in queste circostanze grande inventiva nel sistemare un adulto in un piccolissimo nascondiglio. Addirittura in una Isetta BMW riuscì la fuga a ben 9 persone una dietro l'altra. Ma era grande il pericolo di essere scoperti durante la fuga nei nascondigli camuffati dei veicoli, poiché le truppe di frontiera della DDR analizzavano minuziosamente i falliti tentativi di fuga mimetizzati, e aumentavano enormemente i controlli sulla base del materiale di documentazione. In un rapporto di ricerca per l'anno 1966 della brigata di frontiera «13. agosto» alla direzione distrettuale della SED di Berlino, si trova al riguardo: «Se in singoli casi ... è riuscito ad elementi avversari di violare la frontiera di stato, è stata questa una nuova occasione di confrontarsi in modo critico con l'insufficienze dei fattori ostacolanti. Questo processo ha aperto nuove riserve, risultate poi efficaci per l'aumento della sicurezza alla frontiera di stato.»[17]

Era un affare pericoloso, durante il quale tutti i partecipanti rischiavano molto. Nonostante i preparativi accurati e la massima segretezza, molti tentativi di fuoriuscita fallirono. Inoltre la Sicurezza Nazionale della DDR riusciva a volte a infiltrare delle spie nei gruppi degli aiutanti alla fuga. Una volta arrestati, venivano condannati a gravi pene di prigionia per «commercio criminale di uomini». E la Stasi imparava sempre qualcosa di nuovo. Ogni arresto, ogni processo contro questi aiutanti portava nuove informazioni, che il Ministero della Sicurezza Nazionale analizzava e sfruttava per l'intensificazione dei controlli. Alla fine degli anni sessanta, il periodo caldo anche per questo tipo di fuga era ormai finito.

Diversi tipi di veicoli vennero utilizzati sia per la fuoriuscita di persone nascoste, sia per lo sfondamento degli sbarramenti. Una fuga particolarmente spettacolare riuscì al conducente di locomotive delle ferrovie di stato Harry Deterling. La sera del 5 dicembre 1961 riuscì, insieme alla propria famiglia e al suo fuochista, a fuggire sulla locomotiva a vapore 78 079 da Oranienburg. Le truppe di frontiera reagirono con immediato rafforzamento degli impianti di sbarramento: nell'area delle stazioni di confine le rotaie vennero ristrutturate e dal 1966, dopo la costruzione di «scambi di protezione e di deragliamento» i transiti non autorizzati divennero tecnicamente impossibili.

Nel 1966 due berlinesi dell'Est spianarono al suolo un pezzo di Muro con un bulldo-

Offerta di un'organizzazione di soccorso per la fuga da Berlino Est situata su un palchetto di osservazione nella parte Ovest della Bernauer Straße.

zer. Nonostante l'immediata reazione dei soldati di frontiera che aprirono il fuoco, i due riuscirono a raggiungere Berlino Ovest cavandosela con ferite leggere. Nel maggio del 1963, al punto di transito di Sandkrugbrücke fallì il tentativo di un autobus di sfondare le barriere di cemento e la sbarra del passaggio a livello. Diverse persone vennero ferite gravemente da colpi d'arma da fuoco.

Anche il diciassettenne Bodo Kunkel meditava a Berlino Est una possibilità per lasciare la DDR. Infine si decise per il più grande veicolo mai usato per la fuga oltre il Muro: il battello «Friedrich Wolf», la "nave ammiraglia" della Flotta Bianca, sulla quale Kuntel viaggiava in qualità di marinaio. La mattina presto del 7 giugno del 1962 la «Friedrich Wolf» salpò dall'approdo di Treptow. Kunkel e altri partecipanti alla fuga avevano il comando. Il capitano ed un macchinista erano in cabina ubriachi fino al midollo, messi fuori combattimento la sera prima dai fuggitivi con abbondante alcool. In tutto si trovavano 12 fuggitivi a bordo. All'altezza della Elsenbrücke una barca della polizia passò lungo la fiancata. Kunkel mostrò l'autorizzazione a navigare nelle acque di confine, e questo bastò. Poco più tardi girò il timone a babordo e la «Friedrich Wolf» entrò nel Landwehrkanal in direzione Berlino Ovest. Le guardie di frontiera della DDR misero sotto tiro la nave, mentre i poliziotti di Berlino Ovest, con diversi spari, crearono un fuoco di copertura per i fuggitivi. Nonostante i colpi che raggiunsero il battello, la gente a bordo rimase illesa. Dopo alcuni snervanti minuti, Kunkel e i suoi compagni raggiunsero la zona di Berlino Ovest.

Un altro scelse la via aerea. Il tardo pomeriggio del 28 luglio 1965, il laureato in economia Heinz Holzapfel di Lipsia, si chiuse con la moglie e il figlio di 9 anni in una toilette nella residenza dei Ministeri di Berlino Est della Wilhelm Straße. Ed esattamente nell'ala sud del palazzo del Ministero del Tesoro – ex il Ministero dell'aeronautica del regime nazionalsocialista – che confinava direttamente con gli sbarramenti di frontiera. Appena scesa l'oscurità Holzapfel lanciò

Un tentativo di fuga fallito documentato dalle truppe di frontiera.

dal tetto del palazzo fin oltre il Muro un martello intorno al quale era avvolto un filo di Perlon. Dalla parte dell'Ovest i parenti che aspettavano, legarono al filo un cavo d'acciaio che Holzapfel tirò a sé con molta cautela. Poi questo fissò il cavo all'asta della bandiera sul palazzo: per primo scivolò via il figlio, legato con una cintura di sicurezza a questa «funivia» improvvisata. Poi seguirono la moglie Jutta ed infine Holzapfel stesso. Le truppe di frontiera scoprirono il marchingegno solo la mattina del giorno seguente.

Ciò che si ripeteva spesso, erano le diserzioni da parte degli appartenenti alle truppe di frontiera. Una delle più spettacolari diserzioni si verificò nell'aprile del 1963, quando alcuni soldati della DDR sfondarono il Muro con un panzer e fuggirono nel l'Ovest con diversi colleghi a bordo di un auto.

Alla fine del 1963, in considerazione del crescente numero di diserzioni, il Consiglio Nazionale della Difesa decise tra l'altro di migliorare le condizioni di lavoro delle truppe di frontiera. Questi provvedimenti includevano maggiori stipendi, un miglior approvvigionamento, favorevoli possibilità di promozione, un sistema più ampio di premi ed aumenti e l'ordine ai comandanti di trattare «meglio» i propri subalterni.

In seguito il numero delle diserzioni diminuì effettivamente: a ciò contribuirono comunque anche inasprite misure di repressioni e maggiori controlli. I numero di disertori appartenenti alle truppe di confine della DDR, tra cui numerosi ufficiali e comandanti, viene stimato a più di 2 800 a Berlino e nel confine interno tedesco.

«Gli sfondameti di frontiera sono da evitare»

Il senso e lo scopo del Muro era quello di impedire alla gente la fuga nell'Ovest anche se la propaganda della SED parlava continuamente di «Muro di protezione antifascista» e di compito di difesa dall'«imperialismo occidentale». «Sfondamenti della frontiera non devono essere ammessi» esigevano, tanto concisamente quanto chiaramente, gli ordini basilari del Ministero della Difesa del regime di separazione. All'Ovest si parlava sempre di «muro e filo spinato», ma la frontiera comprese da subito anche altri elementi: sbarramenti per veicoli, recinzioni segnaletiche, piste militari, percorsi affidati alla sorveglianza dei cani, torrette d'osservazione, bunker sotterranei, mine a frammentazione e mine ordinarie, poste però solamente nel confine interno tedesco.

In tutto ci furono tre fasi di costruzione e ampliamento degli impianti di frontiera a Berlino e intorno alla città:

fase dal 1961 fino al 1968;
fase dal 1968/69 fino al 1980;
fase dal 1981 al 1989.

I primi sbarramenti a Berlino, il 13 agosto 1961, erano barricate di filo spinato, poliziotti di frontiera armati e gruppi di addetti alla sicurezza. La costruzione del Muro iniziò il 15 agosto. In diversi punti dell'area cittadina interna i muratori eressero con mattoni e lastre di pietra un primo muro ad altezza d'uomo, controllato rigorosamente dai poliziotti di frontiera. Questo «Muro della 1a. generazione» – secondo il conteggio occidentale, fino al 1989, si sono succedute quattro «generazioni» – era costruito irregolarmente ed era spesso circa 30 cm. Il filo spinato posto al di sopra, serviva a rendere più difficile lo scavalcamento. Per quanto riguarda le torrette d'osservazione si notava che erano state costruite di fretta con bancali di legno ed assi.

Presto si constatò che il primo Muro non resisteva ai tentativi di sfondamento con mezzi pesanti. Alcuni punti particolarmente «in pericolo» vennero rafforzati già alcune settimane più tardi fino ad un metro di spessore, utilizzando tra l'altro lastre di cemento una sopra l'altra.

Nelle vicinanze del Checkponit Charlie, nel novembre del 1961, i «pionieri» della NVA iniziarono a rafforzare questa prima edificazione ancora improvvisata del Muro, sostituendola con il «Muro della 2. generazione». Non ultimo, questo nuovo intervento doveva migliorare l'immagine del Muro stesso in alcuni punti particolarmente esposti verso l'Ovest, come la Porta di Brandeburgo e il Checkpoin Charlie – una tema questo, di cui la direzione della SED e il comando del frontiera si occuparono per decenni.

All'inizio del 1962, unità dei pionieri iniziarono la costruzione di una serie di piste militari lungo le fortificazione della frontiera. I poliziotti di frontiera dovevano diventare più mobili, ed in caso di violazione della frontiera arrivare più velocemente sul luogo dell'accaduto. Contemporaneamente vennero installati anche i primi percorsi affidati alla sorveglianza dei cani.

La direzione della DDR era nei primi mesi ancora molto insoddisfatta del regime di separazione; sia con gli impianti di sbarramento stessi, che con il morale e il grado

All'altezza della Ackerstraße nel 1963 viene eretto un Muro in lastre di cemento dai pionieri delle truppe di frontiera.

d'addestramento delle truppe di confine.
In un ordine del 14 dicembre del 1961 il Ministro della Difesa della DDR Hoffmann si esprime senza ambiguità: «L'organizzazione della sicurezza dei confini non soddisfa ancora la necessità di impedire violazioni della frontiera ... L'addestramento al combattimento quale condizione vincente per una sicurezza delle frontiere, è stata trascurata molto gravemente, ha luogo in modo disorganizzato e mostra un livello basso, cosa che ha portato a mancanze disciplinari dei soldati durante il servizio alla frontiera. ... I soldati devono essere addestrati attraverso una preparazione sistematica al tiro di precisione in tutti i tipi di posizione, soprattutto su bersagli in movimento di notte e di giorno.»

Ancora più chiaro fu il comando 101/62 del 23 novembre del 1962. In relazione alla necessità di un miglior addestramento al tiro, c'era scritto che le guardie di frontiera devono essere in grado «di annientare qualsiasi bersaglio immobile e in movimento al primo colpo d'arma da fuoco di giorno e di notte.»[18]

Gli ordini 101 avevano un ruolo determinante per il regime di separazione. Venivano dati dal Ministro per la Difesa Nazionale, che decideva le direttive per un periodo di circa un anno nella «costruzione tecnica degli impianti di sbarramento» e nell'istruzione ideologica e militare.

Il «manuale del soldato di frontiera» del 1965, riporta sotto il titolo «Direttive per l'uso delle armi da fuoco per le guardie e le pattuglie della polizia (DV-10/4)» le seguenti direttive: «Si può ricorrere all'utilizzo delle armi da fuoco solo ...

d)secondo il giudizio di guardie e pattuglie e altri portatori d'armi temporanei o permanenti, quando altri mezzi non bastano o non bastano più, per evitare azioni chiaramente rivolte al tradimento del potere dei contadini e degli operai ...»[19] E con questo non si intendeva altro che i tentativi di fuga.

Così ricorda, nel 1991, un ufficiale di frontiera riguardo all'uso delle armi da fuoco: «C'erano quotidianamente adunate per il cambio della guardia, e lì si diceva chiaramente che i traditori erano da arrestare. In altri termini da annientare con l'uso delle armi. Nell'ordinamento delle armi da fuoco erano chiaramente previsti, avviso di identificazione, spari d'avvertimento e tiri di precisione che impedissero al traditore di procedere ulteriormente.»[20]

Che si trattasse della morte del traditore, risulta anche dalla «legge per la sicurezza statale della DDR» del 25 marzo del 1982.

Fine di un tentativo di fuga nel quartiere di Mitte, nel 1971.

Lì si trova al § 27 («utilizzo d'armi da fuoco») tra l'altro: «... in caso di utilizzo se possibile si deve risparmiare la vita della persone.» Quando è possibile quindi.

In pratica le direttive per l'uso delle armi da fuoco appartenevano ad una zona grigia in cui la concreta decisione veniva accollata ai gradi minori, in conclusione alle stesse guardie. Un ex comandante delle truppe di frontiera: «Le guardie sono state abbandonate alla loro responsabilità. Abbandonate coscientemente, credo. Io ho sempre riflettuto su cosa dire alle mie guardie. Io non ho mai detto loro: ‹Dovete sparare su fuggitivi›, si è sempre evitata una dichiarazione concreta. Si è scaricata la responsabilità, partendo dall'alto fino ad arrivare a quello che stava fuori e doveva decidere, se sparare oppure no.»[21]

Ampliamento degli impianti di sbarramento

Nell'agosto del 1964, tre anni dopo la costruzione del Muro, gli impianti di sbarramento a Berlino e intorno alla città erano nel seguente stato: il Muro vero e proprio era cresciuto di 15 km in lunghezza; per un tratto di 130 km erano stati innalzati recinzioni e sbarramenti di filo metallico. C'erano in tutto 165 torrette d'osservazione, per la maggior parte costruzioni di legno, e 232 bunker, cioè postazioni di protezione. La striscia di confine non era ancora completamente illuminata, e mancavano ancora le piste militari parallele alla frontiera. I costi per gli impianti di sbarramento raggiugevano in questo periodo già ad un totale di circa 56,5 milioni di marchi della DDR.

Mine a frammentazione e mine ordinarie, oppure dispositivi autodeflagranti che nel confine interno tedesco continuavano a causare morti e feriti tra i fuggitivi, non ce n'erano lungo il Muro di Berlino. Uno dei motivi era che il governo della DDR temeva proteste internazionali contro l'utilizzo delle mine, le quali sarebbe risultate particolarmente inopportune a causa della «vicina» frontiera di Berlino.

Regolarmente l'Ufficio politico della SED, il più altro centro di potere della DDR, si occupava della situazione al Muro ed esigeva «interventi tecnici» e «di tattica militare» in conseguenza delle azioni di fuga. Nell'autunno del 1964 il generale di brigata Poppe venne convocato a rapporto. Piovvero accuse: i piú alti funzionari della DDR erano irritati a causa del continuo numero di disertori e fuggitivi. Insistettero per un ina-

Fallimento. Due fuggitivi vengono portati via da soldati di frontiera della DDR poco prima del Muro.

MUSTER!

Ausfertigung 2

Grenzregiment 100
Einheit

A - Stadt den 01.07. 19 71

Festnahmeprotokoll Nr. 66 034101

1. Angaben zur Person

Herr/Frau/Frl.	Schneider	Hugo	---
	Name	Vorname	geborene
	18. 06. 1937	B - Dorf	A - Stadt
	Geburtsdatum	Geburtsort	Kreis
	Schlosser	Netto ca. 660,- M	DDR
	Beruf	monatl. Einkommen	Staatsangehörigkeit
	B-Dorf, Krügerstr.03	A - Stadt	IV 0336789
	Wohnort / Straße	Kreis	Nr. des Personalausweises

2. Angaben zum Zeitpunkt, Ort und Grund der vorläufigen Festnahme

Vorläufig festgenommen am 01.07.1971 Uhrzeit 15.00 Uhr

Festnahmeort Seedorf, Mittelstraße 27 / 60 Meter
Genaue Ortsbeschreibung / Entfernung von der Staatsgrenze

Wegen Verstoßes gegen das Gesetz § 213 StGB

3. Beschreibung der für die Beurteilung des versuchten oder vollendeten Grenzdurchbruches wesentlichen Umstände (Weg des Festgenommenen, Verhalten vor der Festnahme, mitgeführte Werkzeuge, Waffen, Kartenmaterial, Geldbeträge)

Schneider verließ am 01.07.1971 gegen 12.oo Uhr seine Wohnung in B-Dorf. Er lief von seiner Wohnung aus zur Bus-Haltestelle am Bahnhof B-Dorf. Von hier aus fuhr er mit dem Bus gegen 12.30Uhr bis zur Geschw.-Scholl-Schule in Seedorf. Er bewegte sich nun entlang der Geschw.-Scholl-Straße durch die Mittelstraße in die Martin-Luther-Straße und am Grundstück Nr. 43 in das Grenzgebiet. Von dort beobachtete er die Grenzposten und verließ das Grenzgebiet überdas Grundstück Nr. 41. Er bewegte sich bis zum Grundstück Nr.37, dort in das Grenzgebiet und verbarg sich zeitweilig hinter der dort einzelstehenden Linde. Dann überstieg er einen Maschendrahtzaun, überquerte den Kontrollstreifen im Laufen und unterkroch einen Signaldraht. Hierbei wurde er durch einen Grenzposten der NVA gestellt.
Er führte mit: 1 Kombizange, 1 Drahtschere, pers.Papiere und 222,-M.

NVA 18 655 Ag 117/IIa/DDR 67 2000 Bk. IV/31/4 426/006

Per ogni fuggitivo arrestato c'era un preciso protocollo da compilare.

- 1a -

4. Verhalten während der vorläufigen Festnahme, Aussagen des Grenzverletzers über seine Absicht, und Einschätzung des Grenzverletzers durch die Grenztruppen:

Verhalten während der Festnahme war ängstlich. Er stand unter leichtem Alkoholeinfluß. Er erklärte, er habe das Leben mit seiner Frau satt und wolle nach Westberlin - Spandau zu einer früheren Freundin von ihm. Seine Aussagen erscheinen nicht überzeugend. Von Westberliner Seite wurde die Festnahme nicht eingesehen.

5. Vorläufig sichergestellte Gegenstände:

1. Einen Personalausweis
2. persönliche Papiere
3. Eine Kombizange
4. Eine Drahtschere

M 222,- DM-West - Valuta -

Geschlossen: Name Dienstgrad

Stempel

Kdr. der Einheit, Name, Dienstgrad

Übergabe / Übernahme am 01.07.71 Uhrzeit 17.30 Uhr

Übergeben:

Name, Dienstgrad

Person wurde durchsucht!

Übernommen:

Stempel der übernehmenden Dienststelle

Übernehmende Dienststelle

Name, Dienstgrad

Anmerkung:

Das Festnahmeprotokoll ist ebenfalls für Angehörige der bewaffneten Organe der DDR und der sozialistischen Staaten auszufertigen.
Bei der Festnahme von Familien ist nur ein Protokoll auszufertigen.

La compilazione del protocollo di arresto serviva come materiale di formazione per le truppe di frontiera.

sprimento del regime di separazione. Lo Stato maggiore delle truppe di frontiera, intimorito e innervosito, mise all'opera nuove iniziative.

Nel febbraio del 1965 Poppe consegnò al Ministero della Difesa un progetto dettagliato «sull'ampliamento in prospettiva» degli impianti di frontiera fino al 1970. Era un documento di per sé di estrema autocritica. Si ammetteva implicitamente che gli impianti di sbarramento, dopo il 13 agosto 1961, erano stati eretti spesso «senza un necessario collaudo, senza in parte una conoscenza professionale delle forze applicate», con solamente una funzione parziale di sbarramento.

Nello scritto Poppe rifletté anche sulla «funzione politica» della frontiera. «Gli impianti tecnici spesso non portano ad un rafforzamento dell'immagine della Repubblica Democratica Tedesca nell'opinione pubblica mondiale.» Infine il documento conta i metodi più importanti dei fuggitivi per il superamento degli sbarramenti di frontiera:

« – Scivolare al di sotto, tagliare e superare le barriere di filo spinato; ...
- Superamento del Muro con aiuto reciproco ...;
- Utilizzo di autovetture per avvicinarsi al confine di stato».

Sulla base di questi rilevamenti gli impianti di sbarramento in direzione di Berlino Ovest sarebbero dovuti essere rafforzati completamente entro il 1970 lungo un tratto di 161,39 km in tutto. Singolarmente era stato progettato:

1. ampliamento e rinnovamento del Muro
2. rafforzamento parziale della recinzione di frontiera
3. sbarramento anticarro
4. sbarramenti antiveicolo («Escarpe»)
5. strada di 121 km per convogli militari
6. illuminazione della frontiera per 151 km
7. innalzamento di 150 nuove torrette d'osservazione («torrette con vista a 360°» del tipo BT 9, vale a dire 11, per un prezzo singolo di 30 000 Marchi della DDR)
8. costruzioni per le postazioni di guardia
9. bunker per due uomini (254 pezzi)
10. sbarramento di superficie
11. 130 km di recinzione segnaletica
12. circa 1 000 km di recinzione in rete metallica
13. 52,5 km di recinzione di laminato
14. 271 toilette.[22]

Il costo totale per questi provvedimenti da realizzare, venne preventivato per circa 36,98 milioni di marchi della DDR. Il prezzo per km che ne risultava era di 224 000 marchi della DDR.

Seguirono i fatti. Dal 1968 iniziò con la piena realizzazione di questi progetti. Il provvedimento centrale era la costruzione del «Muro della 3. generazione», che consisteva in lastre di cemento prodotte industrialmente, con fughe che passavano orizzontalmente e un tubo postovi sopra. Come ostacolo ulteriore per i fuggitivi dal 1971 vi si pose al di sopra una recinzione di filo spinato alta quasi 2,90 m, la cosiddetta «recinzione di frontiera I».

Negli anni settanta la striscia di confine venne allargata in maniera tale che il vero e proprio elemento di sbarramento risultava spostato sempre di più all'interno della città, in modo da bloccare i fuggitivi in anticipo prima che arrivassero al Muro stesso. Dal 1974 le truppe di frontiera della DDR eressero il cosiddetto muro interno con «recinzione segnaletica di frontiera 74». E proprio lì – già 50 o 70 metri prima del Muro – «finiva il mondo» per i berlinesi dell'Est. E essi non videro neanche mai fino al 1989 ciò che nell'Ovest veniva continuamente definito come il Muro, cioè l'ultimo «elemento di sbarramento, in direzione del nemico», come lo definivano le truppe di frontiera. Quando i berlinesi dell'Est e quelli dell'Ovest parlano del Muro, hanno in mente due immagini completamente diverse fra loro.

IL MURO DIVENTA PERMEABILE

L'accordo per i lasciapassare

«Il Muro deve sparire!» Nei primi mesi dopo la divisione della città questa era la massima continuamente ripetuta dalla politica di Berlino Ovest. Ma com'era possibile realizzarla, nelle condizioni poste dalla Guerra Fredda, che aveva raggiunto un nuovo apice nell'autunno del 1962 con la crisi cubana?

Già alla fine di settembre del 1961 nei combattivi discorsi di Willy Brand si mischiava un tono nuovo: si doveva fare di tutto, «per rendere il Muro almeno permeabile, fino a quando non lo si fosse potuto far sparire.» In questo modo era stata detta la parola chiave: permeabilità.

Iniziò così quella «politica dei piccoli passi», che fece inghiottire qualche rospo all'Ovest. Ma furono inghiottiti per la tranquillità della gente. Anche «l'altra parte», come si definiva la DDR all'Ovest, dovette fare le proprie concessioni in questo difficile processo.

Il primo accordo per i lasciapassare nel dicembre del 1963 fu preceduto da trattative complesse, durante le quali si discuteva più che altro di questioni di status. Ci si accordò su una complicata procedura di rilascio di lasciapassare: gli impiegati postali della DDR ricevevano le richieste da Berlino Ovest, le rielaboravano a Berlino Est, per poi rilasciarle in dodici scuole e palestre di Berlino Ovest. Davanti ai punti di rilascio

Accordo sui lasciapassare a Natale del 1963: incontri e lacrime di gioia alla stazione di Friedrichstraße.

delle richieste a Berlino Ovest, si formarono lunghe code. Nella neve e nel freddo la gente resisteva spesso per ore, per poter ricevere i tanto desiderati lasciapassare. Nessuno ci aveva davvero creduto, ma il momento arrivò. Per la prima volta, dopo due anni, i berlinesi dell'Ovest potevano andare da amici e parenti nell'Est. Si verificarono commoventi scene di incontri. I berlinesi dell'Ovest carichi di pacchi nelle zone di transito, cadevano piangendo nelle braccia dei loro parenti. Con una richiesta particolare i berlinesi dell'Ovest potevano usare anche le loro auto: una strana immagine sulla strade di Berlino Est.

Le autorità della DDR avevano eretto alla stazione di Friedrichsstraße e al ponte di Oberbaum – due dei cinque punti di passaggio della frontiera – una fitta selva di caselli doganali per far fronte all'attesa ressa. Straordinario era l'ostentato atteggiamento corretto e gentile dei controllori di frontiera della DDR; giornalisti americani parlarono addirittura di una «Campagna di benvenuto ai propri berlinesi dell'Ovest»: «Le guardie di frontiera mostrano nuovamente in che modo semplice e generoso possano essere controllati i passanti e le vetture.» In altri articoli si diceva «che le guardie di frontiera partecipavano ad una gara di cortesia».

Le possibilità di visita erano limitate dal 19 dicembre 1963 al 5 gennaio 1964. In quelle due settimane vennero rilasciati in tutto 1 242 800 lasciapassare con la validità di un giorno. Il permesso di entrata valeva dalle ore 6 del mattino alle ore 24:00; dovevano essere cambiati 10 marchi, con il cambio di valuta di 1:1.

La «politica dei piccoli passi» occidentale, per la quale erano state necessarie molta resistenza e un certa quantità di frustrazione, aveva portato i primi frutti. Il Muro era diventato per almeno un paio di giorni, e anche se solo in una direzione, un po' più permeabile.

Per la realizzazione pratica del secondo accordo sui lasciapassare per il Natale del 1964, il Ministero della Sicurezza Statale della parte orientale si era assicurato un ruolo di competenza. Con il titolo «Progetto ospite» e nell'ambito della collaborazione della Stasi con il Ministero degli Interni e il Ministero delle Poste e delle Telecomunicazioni, vennero programmate le regolamentazioni di visita nel modo più dettagliato possibile, dal rilascio dei formulari di richiesta fino ad un'analisi statistica dei lasciapassare. Numerosi collaboratori non ufficiali dovevano accertare in anticipo «l'umore delle forze di servizio» e «l'effetto ... di tentativi occidentali di disfacimento».

Ci furono in tutto 5 accordi sui lasciapassare, l'ultimo per la Pentecoste del 1966. Ulteriori regolamentazione di visita fallirono a causa delle richieste di Berlino Est che il Senato (inteso è il Senato della città di Berlino) non poté soddisfare per motivi di Status giuridico. La parte orientale della città era per Berlino Ovest di nuovo bloccata. Però dal 1964 si mise in funzione un «Punto di rilascio di lasciapassare per urgenti questioni famigliari», che concedeva permessi di visita tra l'altro per nascite, matrimoni, malattie mortali e casi di morte di parenti stretti.

Coloro che attraversano la frontiera

Fare la differenza: anche questo apparteneva all'immagine politica del Muro. All'inizio la frontiera era permeabile solo per alcuni gruppi di persone. Gli impianti di sbarramento erano insuperabili per gli abitanti di Berlino Est e della DDR come per quelli degli altri stati del blocco orientale e, per molti anni, anche per i berlinesi dell'Ovest. Stranieri e tedeschi della Germania dell'Ovest potevano raggiungere Berlino Est attraverso i punti di passaggio della frontiera così come era consentito agli appartenenti ai corpi militari occidentali.

Anche per i diplomatici accreditati a Berlino Est il Muro non rappresentava nessun ostacolo. Alcuni di loro sfruttavano questa possibilità per procurarsi guadagni ulteriori attraverso piccole o grandi azioni di commercio illegale. Fino agli anni 70 circa 2 000 persone raggiunsero Berlino Ovest nel baule delle auto dei diplomatici, passando quasi sotto gli occhi delle Unità di controllo passaporti dei corpi di sicurezza. Questi sospettavano questo tipo di azioni, ma non avevano il permesso di condurre dei controlli visto lo status diplomatico delle vetture.

Dalla metà degli anni settanta il Muro divenne una frontiera attraversabile anche per alcuni attori, musicisti e scrittori della DDR. Tra i privilegiati si contavano gli scrittori Jurek Becker, Rolf Schneider, Heiner Müller. La DDR non era indifferente ai guadagni in valuta estera pregiata che questi artisti consentivano – artisti che tuttavia non cessava per questo di ritenere scomodi al proprio interno.

Uno che attraversava la frontiera ogni giorno era Friedrich Kittlaus, insediato ai più alti posti dirigenziali della S-Bahn. Kittlaus mantenne il suo posto di lavoro anche dopo l'agosto del 1961, nonostante venisse considerato politicamente inaffidabile dalla SED. La sua competenza professionale lo rendeva indispensabile. Così Kittlaus poté, anche dopo la costruzione del Muro, andare quotidianamente con auto di servizio e autista dal suo appartamento a Berlino Ovest alle sue stanze di lavoro a Berlino Est, senza essere controllato.

Non solo Kittlaus ma anche una serie di berlinesi dell'Est impiegati della S-Bahn, passavano regolarmente il Muro per migliorare le rotaie nella parte occidentale della città o per la manutenzione di impianti di segnaletica. Naturalmente chi poteva lavorare a Berlino Ovest era controllato meticolosamente: nessuna parentela a Berlino Ovest, scheda personale immacolata, preferibilmente padri di famiglia. Un formulario di 10 pagine doveva dare chiarimenti riguardo «al particolarmente consolidato

Visita dei berlinesi dell'Ovest carichi di pacchi; vanno incontro ai propri parenti all' Oberbaumbrücke.

classismo, fedeltà nei confronti del partito e del governo». I prescelti ricevevano una tessera sul loro «particolare servizio» e dovevano trovarsi di nuovo ad una determinata ora alla stazione di Friedrichstraße, altrimenti sarebbe iniziata immediatamente una «indagine interna».

Le stazioni fantasma

La geografia irregolare della città divisa aveva come conseguenza che una linea occidentale della S-Bahn e due della U-Bahn attraversassero sottoterra il territorio di Berlino Est. Immediatamente dopo la chiusura delle frontiere le stazioni situate in territorio Berlino Est vennero chiuse, le entrate barricate e, più tardi, murate. Come testimoni di un lontano passato c'erano ancora nelle strade di Berlino Est i cartelli della S-Bahn e le grate delle scale. Il «Muro» iniziava già qui per il berlinesi dell'Est, alle entrate chiuse della S-Bahn. Il traffico di servizio tra le parti occidentali della città continuava.

La maggior parte dei viaggiatori dell'Ovest veniva presa da sensazioni spiacevoli vedendo la luce giallastra e sporca dei binari deserti nelle stazioni di Nordbahnhof, Oranienburger Straße, Unter den Linden, Potsdamer platz. Nei treni della S-Bahn le voci si abbassavano, quando passavano attraverso «le stazioni fantasma» a velocità ridotta. Dove una volta aveva pulsato la vita nervosa di una metropoli, ora c'erano solo binari vuoti, panche e facciate decadenti. Qui il Muro aveva fermato il tempo.

In alcuni punti si potevano ancora vedere cartelli e manifesti pubblicitari dell'estate del 1961, «Riwa sapone da bagno», «Filiale del commercio all'ingrosso», «Direzione Stalinalle – Lichtenberg», «Direzione Bernau». Ma non c'era più nessun collegamento. Si riconoscevano le spettrali figure armate dei soldati di frontiera che osservavano il passaggio dei treni.

Nella Sotterranea di Berlino Est c'erano 15 di queste stazioni. Truppe di frontiera e polizia mobile si occupavano della separazione completa, anche se qui c'erano parti

Posti di guardia con finestrelle di sorveglianza nella «stazione fantasma» di Potsdamer Platz.

colari «problemi di sicurezza» da risolvere. Un alto ufficiale diede poi le seguenti chiarificazioni riguardo alla «sicurezza di frontiera» nelle stazioni: «I nostri posti di guardia erano murati in alcune stazioni, come Potsdamer Platz. Si trovavano sul binario dietro un muro con delle fessure per la visuale. Questo da un lato per evitare diserzioni e dall'altro perché non rimanessimo indifesi nei confronti di possibili provocazioni, nel caso che un treno della S-Bahn si fermasse e ne scendesse un ubriaco per esempio. ... Nessuna guardia poteva lasciare il proprio posto senza essere notato. Ma questo era già la situazione degli anni ottanta. All'inizio le guardie andavano su e giù per i binari, allora non erano dentro i bunker. ... Prima sui binari erano in sei, ma alla fine erano poi solo due, e dovevano tener tutto sotto controllo.»[23]

Riguardo al servizio di guardia nella stazione della S-Bahn di Potsdamer Platz racconta l'ex maggiore Helmut H. che: «Nella stazione di Potsdamer Platz ci si poteva perdere. E lì a volte venivano buttate delle cose fuori dai treni, bottiglie e un po' di tutto. Noi ci mettevano dietro ai piloni o dentro stanze chiuse e dovevamo poi raccogliere quello che era sparpagliato in giro. I soldati vedevano la gente passare e andare in un altro mondo ... doversi schiacciare dentro ad una nicchia così, quando passava il treno, era già una sensazione strana.»[24]

La stazione di Friedrichstraße

Il Muro creò luoghi di atmosfera opprimente e impenetrabile. Si aveva la sensazione di un pericolo diffuso, dipendenti dai controlli e dall'arbitrio di uno stato diffidente. Un luogo simile era la stazione di Friedrichstraße, unico punto di raccordo di U-Bahn, S-Bahn e ferrovia.

Qui il Muro si trovava tra due binari. Una parete di metallo divideva l'area dei binari che andavano verso Ovest (binario B e binario A della ferrovia) dal binario C «orientale». Per i berlinesi dell'Est era qui che arrivava l'annuncio: «Capolinea! Scendere tutti, per favore. Questo treno torna ad Erkner.» Nel 1982 la parete di vetro retinato alta tre metri venne sostituita con una parete di acciaio alta fino al tetto della stazione. Sul binario della ferrovia era stata dipinta una striscia bianca – «Superare solo dopo un ordine!» e le guardie di frontiera qui controllavano ogni passo alla lettera.

I visitatori dell'Ovest si perdevano regolarmente in questo insieme di corridoi, scale, controlli doganali e di passaporti, passaggi nascosti. Agli stessi «organi di frontiera della DDR» risultava difficile mantenere tutto sotto controllo.

Era un vero e proprio ostacolo, ciò che i visitatori dovevano superare nei viaggi di andata o ritorno, sempre controllati dalle guardie e, dall'inizio degli anni settanta, da videocamere. Subito dopo essere entrati nell' «area di sdoganamento», si distingueva tra «cittadini Berlino Ovest», «cittadini della Repubblica Federale Tedesca» e «cittadini di altri stati». Invidiosi, si vedeva sparire una persona a passi veloci in una entrata riservata: «diplomatici».

Il controllo dei passaporti e delle carte d'identità era di competenza del Ministero per la Sicurezza. Ai punti di transito della frontiera era in realtà la Stasi a dare ordini. Le «unità di controllo passaporti» là in servizio, dipendevano direttamente dalla Stasi che controllava anche tutto il traffico di entrata e uscita presso il Muro e ai confini interni tedeschi.

La stazione di Friedrichstraße era un cantiere continuo. Continuamente venivano fatti cambiamenti, lì veniva murata una porta, qui veniva fatto un passaggio, sempre per perfezionare i controlli sui passeggeri in uscita e in entrata.

Eppure all'interno della stazione c'era qualcosa a cui i berlinesi dell'Ovest si affezionarono subito: l'«Intershop». Questo si trovava comodamente sul binario per le linee Ovest, dove tra due treni si poteva procurarsi sigarette e liquori ad un prezzo da sogno (dutyfree) – senza formalità di entrata e quasi senza rischio, perché i controlli doganali di Berlino Ovest potevano avvenire solo nelle stazioni occidentali. Ben presto si sviluppò un regolare «turismo per liquori e sigarette», che dava luogo ad un traffico straordinario tra la stazione di Lehrter (Ovest) e la Friedrichstraße. Per la DDR era una splendida occasione per smerciare in massa prodotti dell'Ovest introdotti a basso prezzo e venderli in cambio di marchi occidentali.

Dal 1962 bisognò mettersi in fila ad una nuova costruzione («Punto di sdoganamento per viaggiatori in uscita»), dove spesso la fila raggiungeva la piazza davanti alla stazione. E il sopranome «Tränenpalast» («Palazzo delle lacrime») per questo pezzo di architettura della DDR particolarmente oppressivo, risultò essere davvero appropriato.

La nuova politica orientale: L'accordo delle quattro potenze

C'era nell'aria qualcosa di sapore storico quando , nell'ottobre del 1969, Willy Brand salì sul podio federale come primo Cancelliere socialdemocratico e rese nota la propria dichiarazione di governo. «Osare più democrazia» era il motto del governo social-liberare all'interno, e «Conciliazione con l'Est» quello verso l'esterno. All'ordine del giorno c'era una nuova politica nei confronti dell'Est, la cosiddetta «Ostpolitik».

Anche dal punto di vista della politica mondiale l'orizzonte si era schiarito. A Mosca Leonid Breznev aveva fatto cadere Nikita Krusciev nell'ottobre del 1964. Ciò significò per la Russia tutt'altro che una liberalizzazione, ma Breznev desiderava tranquillità nella politica estera. A livello mondiale c'erano stati segnali di rasserenamento. Il presidente degli Stati Uniti d'America Nixon si era recato a Pechino e a Mosca. Nel 1969 le due superpotenze intrapresero negoziati sui controlli degli armamenti. Anche a Berlino andava instaurandosi una certa normalità. Gli schieramenti della guerra fredda apparivano stanchi dei contrasti riguardo la città divisa, e prevaleva lo spirito di adattamento alla situazione esistente.

Nel marzo del 1970 gli ambasciatori di Stati Uniti, Gran Bretagna, Francia e Russia cominciarono i negoziati nell'ex palazzo del Consiglio di Controllo nel quartiere di Schöneberg a Berlino. I continui litigi che coinvolgevano la questione dello status giuridico sui controlli delle vie d'entrata, dovevano essere superati. A porte chiuse, i rappresentanti delle quattro potenze discussero animatamente , mostrando però una grande volontà per il raggiungimento di un accordo. Già solo questo differenziava questi dialoghi dai numerosi e infruttuosi negoziati del passato su Berlino.

Il 3 settembre del 1971 venne firmato un accordo tra le quattro potenze.

Questo primo più un secondo accordo per il transito pattuito infine tra Bonn e la DDR, agevolarono soprattutto i berlinesi dell'Ovest. Dopo sei anni le visite a Berlino Est erano di nuovo possibili. In conseguenza dell'accordo tra le quattro potenze, Berlino Est e il Senato di Berlino Ovest concorda-

Controllo passaporti e dogana nei sotterranei della stazione di Friedrichstraße.

rono delle regolamentazioni illimitate per le visite. I berlinesi dell'Ovest potevano ora entrare a far visita nella parte orientale di Berlino per un numero complessivo di 30 giorni, grazie ad un permesso ottenuto ad un punto di transito di frontiera; entro le 24:00 bisognava però rientrare a Berlino Ovest. Dal 1 luglio del 1982 i passaggi vennero chiusi alle 2:00.

Nel 1984 il numero dei giorni di visita possibili per i berlinesi dell'Ovest venne aumentato a 45 all'anno. Dal 1988 vennero permessi anche soggiorni di due giorni con pernottamento a Berlino Est e il ritorno poteva avvenire attraverso qualsiasi punto di transito (escluso Checkpoint Charlie) – a piedi, con la S-Bahn, con la U-Bahn oppure con l'auto.

Presto la DDR elaborò un criterio per il sistema delle visite a Berlino Est: il «cambio minimo», chiamato nell'Ovest «il cambio obbligatorio», che venne sfruttato soprattutto quando il numero dei berlinesi dell'Ovest aumentò. Nel 1972 al passaggio della frontiera la gente doveva cambiare almeno 5 DM con un cambio di valuta di 1:1. Nel 1980 venne aumentato a 25 DM, cosa che portò in effetti ad un drastico calo del numero di visitatori: da 3,03 milioni nel 1979 a 1,5 milioni nel 1981. Da quando era entrato in vigore l'«Accordo per la facilitazione e miglioramento del traffico di visitatori e viaggiatori» nel giugno del 1972, il numero dei berlinesi dell'Ovest in visita nella parte orientale della città variò dai 3,38 milioni (nel 1976) al 1,5 milioni del 1983.

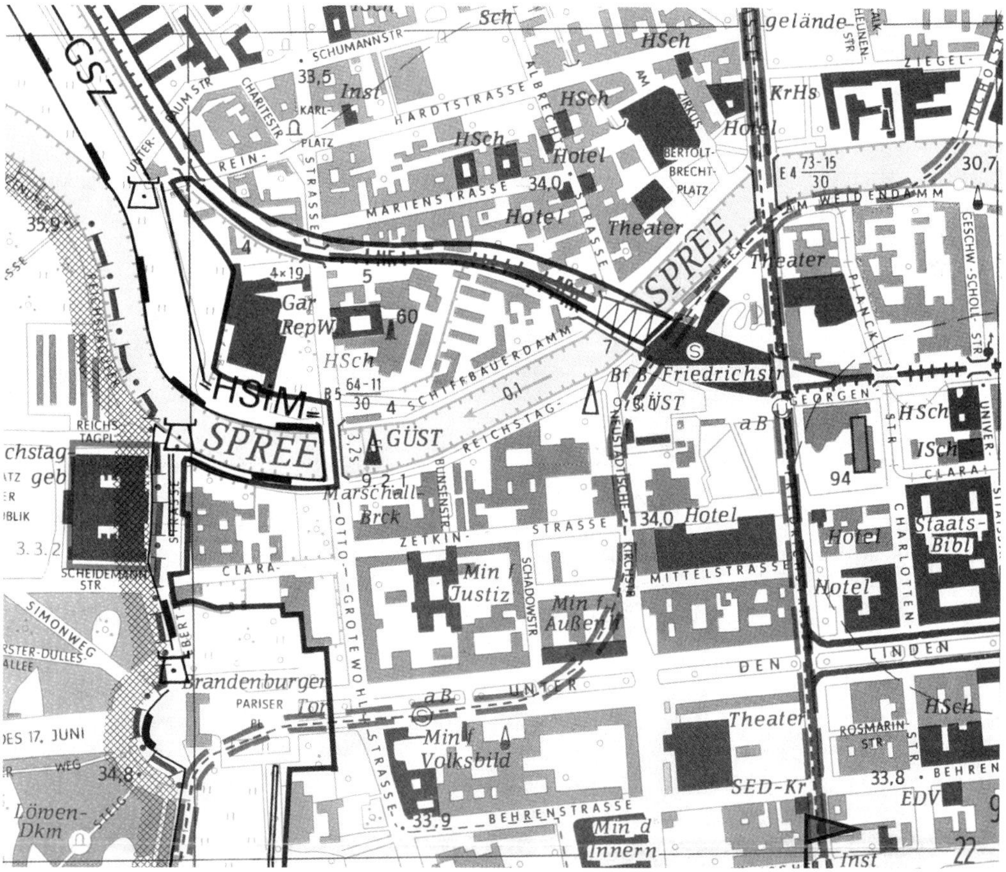

Piantina delle truppe di frontiera dell'area della Porta di Brandeburgo.
GSZ: «Recinzione di sicurezza di frontiera»; HSiM: «Muro di sicurezza interno».

L'ARMAMENTO ALLA FRONTIERA

«Bello di forma e con poche necessità di manutenzione» – Il Muro 75

Mentre la politica di distensione tra Est ed Ovest faceva faticosi ma continui progressi, l'Accordo della quattro potenze del 1971 e il Contratto basilare del 1972 miglioravano notevolmente le condizioni di vita dei berlinesi. Con gli Atti conclusivi di Helsinki gli stati del blocco orientale si impegnavano al rispetto dei diritti umani e dei cittadini, ma la DDR rafforzava le proprie frontiere.

Nel maggio del 1974 la direzione delle truppe di frontiera diede indicazioni per lo sviluppo di un nuovo tipo di Muro. La violazione dei confini doveva essere resa sempre più difficile e intanto si rifletteva anche sull'immagine estetica del Muro: «L'immagine esteriore del Muro deve corrispondere alle aspettative per la costruzione della frontiera di stato nel settore della capitale della DDR.»

Attraverso l'ampliamento e il perfezionamento degli impianti di frontiera l'isolamento doveva risultare più efficace e contemporaneamente camuffare le caratteristiche militaresche grazie ad un aspetto asettico che impedisse il maggior numero possibili di incidenti. Negli atti delle truppe di frontiera si trova sempre l'ordine di organizzare il sistema delle frontiere in modo tale che il «nemico» abbia sempre meno occasioni di «istigare contro la DDR».

Il nuovo muro era composto da segmenti di cemento di 15 centimetri di spessore, alti 3,60 m, (tipo UL 12.41 oppure 12.11) cioè 2,40 m più alto (tipo UL 8.21), senza fughe e di 1,20 m di larghezza, che neanche pesanti camion avrebbero potuto sfondare. La base affondata 2,10 m nel terreno ed emergente a forma di arco flesso, garantiva molta stabilità. Il superamento sotterraneo del Muro diventava così pressoché impossibile, e lo scavalcamento con scale o altri mezzi ausiliari veniva reso più difficile dall'altezza

Nel 1966 alla Potsdamer Platz viene eretto il Muro della «3. generazione»: Blocchetti di cemento prefabbricato.

e dal tubo di cemento asbesto – del diametro di 40 cm – poggiato sopra. In più, era previsto uno strato unico di color bianco. La frontiera doveva essere asettica , corrispondere appunto «alle aspettative … nel settore della capitale della DDR».

Nel 1976 si iniziò nella frontiera interna alla città di Berlino la costruzione a tappe del Muro di frontiera 75 che e da allora in poi influenzerà l'immagine del Muro a livello mondiale. In tutto vennero costruiti circa 45 000 segmenti di cemento disposti intorno a Berlino Ovest fino al 1989. Il prezzo ufficiale per ciascun pezzo fu 359 marchi della DRR . Contemporaneamente vennero tolti dalla stessa area gli elementi di sbarramento di aspetto più bellicoso – come per es: sbarramenti anticarro di cemento oppure «sbarramenti di superficie» (reticolato spinato) – per «migliorare l'immagine pubblica di Berlino capitale della DDR, soprattutto nei punti di maggior impatto sui visitatori come la Porta di Brandeburgo e Leipziger Straße.»[25]

«Ordine e pulizia» erano spesso tematizzati tra le truppe di frontiera. In un documento ufficiale, il comandante Baumgarten, definì il «Muro di frontiera 75» come «bello di forma e con poche necessità di manutenzione».[26]

La costruzione degli impianti di sbarramento avvenne senza interruzioni, con fasi che si susseguivano l'una all'altra. I vecchi elementi non furono sostituiti di colpo e nemmeno rimpiazzati del tutto dai nuovi. In alcuni punti molti impianti di sbarramento rimasero ancora per anni, anche dopo che il «il nuovo modello» venne installato. Il Muro di Berlino non offrì mai un'immagine omogenea. Nel 1990 alle truppe di smontaggio capitò di imbattersi in alcuni piloni di cemento che risalivano al 1961.

Nel 1983 la frontiera interna era costituita dai seguenti elementi:

- muro di frontiera 75 (20,1 km)
- muro di frontiera (lastre; 6 km)
- recinzione di frontiera 83 (10,4 km)
- recinzione segnaletica di frontiera (33,3 km)
- fossa di sbarramento per autovetture (21,5 km)
- 18.800 sbarramenti di superficie (reticolato di metallo appiattito sul terreno con spunzoni sporgenti)

Fotografia aerea della zona di confine tra Mitte e Kreuzberg, davanti la chiesa di St.Thomas.

- muro interno (27,2 km)
- recinzione di retroterra (2,8 km).

Per la sorveglianza della frontiera erano in vigore continui giri di pattuglie – nella maggior parte dei casi condotti da due soldati di frontiera – che si verificavano ad intervalli irregolari sia nella cosiddetta «striscia della morte», sia davanti al muro interno. I fuggitivi non dovevano aver la possibilità di calcolare il ritmo dei giri di sorveglianza.

L' «ordine di sparare» venne espressamente ribadito in queste fasi di costruzione alla metà degli anni settanta. Ad una seduta del Consiglio Nazionale della Difesa del 1974, il nuovo capo della SED Honecker, che era succeduto a Walter Ulbricht nel maggio del 1971, diede chiare disposizioni: «Come prima, si deve ricorre senza riguardo all'uso delle armi da fuoco in caso di tentativi di violazione di frontiera, e i compagni che utilizzeranno le armi da fuoco con successo dovranno essere encomiati.» L'encomio consisteva in alcuni giorni di ferie straordinari, medaglie e premi in denaro tra i 150 e i 500 marchi.

Le truppe di frontiera della DDR

Per ordine del Consiglio Nazionale della difesa il 15 settembre del 1961, quattro settimane dopo la costruzione del Muro, vennero formate le «truppe di frontiera della DDR» dalla «Polizia di Confine Tedesca». Erano un'Arma dell'Esercito Nazionale della DDR, ed erano subordinate al Ministero della Difesa, con sede a Strausberg. La Polizia di Confine, con i suoi 40 000 uomini, era subordinata al Ministero degli Interni.

A metà degli anni sessanta appartenevano alle truppe di frontiera della DDR 10 brigate di frontiera in tutto, ognuna dai due ai cinque reggimenti. Alla frontiera con Berlino Ovest erano stazionate tre brigate di frontiera, mentre alle frontiere interne tedesche erano sei le brigate stazionate e sulla riva del Mare dell'Est c'era la «6. brigata della guardia marina». Fino all'inizio degli anni settanta le truppe di confine disponevano di carabine, mitra, MG leggeri, pistole, bombe a mano e inoltre anche di armamento pesante come panzer del tipo T 34/85, artiglierie contraerea, cannoni anticarro e lanciabombe.

Questo armamento corrispondeva del tutto all' «obbligo di combattere», diffuso ampliamente dalla propaganda, per arrestare alla frontiera un possibile attacco «del nemico imperialista» dall'Ovest. Non per ultimo, grazie a questo armamento, si giustificava il significato del Muro in quanto «argine di protezione antifascista» nei confronti delle proprie truppe. Anche l'addestramento al combattimento, compresi gli scenari per le manovre, erano in parte orientati dallo stesso criterio. Le truppe intorno a Berlino venivano addestrate anche per combattimenti nelle case e nelle strade. In effetti, nella cassaforte del comando delle truppe di frontiera, c'erano piani per una possibile occupazione di Berlino Ovest. Era stato pensato anche alla costruzione di un lager di raccolta per la «custodia di forze nemiche» e esisteva un'onorificenza per «le imprese eroiche» nella conquista di Berlino Ovest.[27]

Dopo l'introduzione dell'obbligo generale alla leva nella DDR del gennaio del 1962, vennero introdotti sempre più soldati di leva nelle truppe di frontiera. In questi casi si faceva estrema attenzione che le reclute non avessero parenti o contatti di qualsiasi tipo nell'Ovest. Nei primi anni dopo la costruzione del Muro lo stato d'animo delle truppe di frontiera diede diverse volte motivo di seria preoccupazione e indignazione alla direzione della DDR. «La coscienza di classe» di molti appartenenti alle truppe di frontiera di stato lasciava molto a desiderare agli occhi della SED.

La fine del 1963 coincide con una quantità di provvedimenti, che comprendevano sia agevolazioni, maggiori possibilità di carriera e maggiori retribuzioni, un sistema di premi e aumenti e un addestramento ideologica più intensivo, sia una maggiore repressione. Inoltre il Ministero per la Sicurezza Nazionale aveva piazzato in ogni unità delle truppe di frontiera «collaboratori non ufficiali», per la sorveglianza ideologica e la scoperta di eventuali piani di fuga. I collaboratori del MfS (Ministerium für Staatssicherheit: Ministero per la Sicurezza Nazionale) – che costituivano l'«amministrazione 2000» all'interno delle truppe di frontiera – avevano un ruolo importante anche nella pianificazione dei turni del personale, per es: per la formazione delle pattuglie. Questo sistema di spie venne sempre più ampliato, tanto che negli anni ottanta si giunse ad un rapporto di 10 soldati di frontiera per ogni informatore della Stasi. Nei compiti della Stasi presso le truppe di frontiera, rientrava anche quello di far passare spie della DDR attraverso gli impianti di sbarramento della Repubblica Federale Tedesca.

Dal gennaio 1974 le truppe di frontiera non appartenevano più all'Esercito Nazionale, continuavano però a dipendere dal Ministero della Difesa Nazionale. Attraverso questo scioglimento formale la DDR voleva ottenere che le truppe di frontiera non venissero prese in considerazione durante i negoziati di Vienna nel 1973, ripresi allo scopo di una diminuzione degli armamenti.

Non era un compito semplice, motivare gli appartenenti alle truppe di frontiera nel loro servizio al Muro. Ciò che ufficialmente veniva definito come l' «argine di protezione antifascista» contro il «nemico» dell'Ovest, erano in realtà impianti di sbarramento predisposti – cosa chiara a chiunque – contro i fuggitivi dell'Est. Soldati e ufficiali dovevano sopportare questa contraddizione ed essere pronti a puntare e far fuoco sui fuggitivi in caso di necessità . In questo senso l'addestramento ideologico e politico delle truppe occupava un significato centrale all'interno del sistema di isolamento della DDR. Propagandisti addestrati straordinariamente venivano mandati nei reggimenti di frontiera con l'obiettivo di agire come

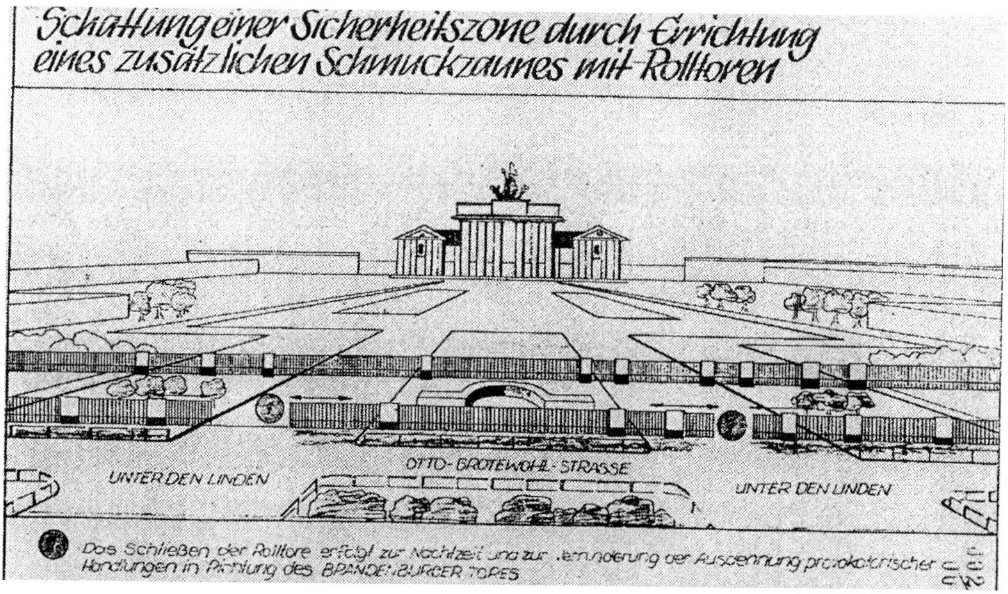

«Ordine e pulizia»: Schizzo di progettazione del 1983 per la nuova Pariser Platz di Berlino Est.

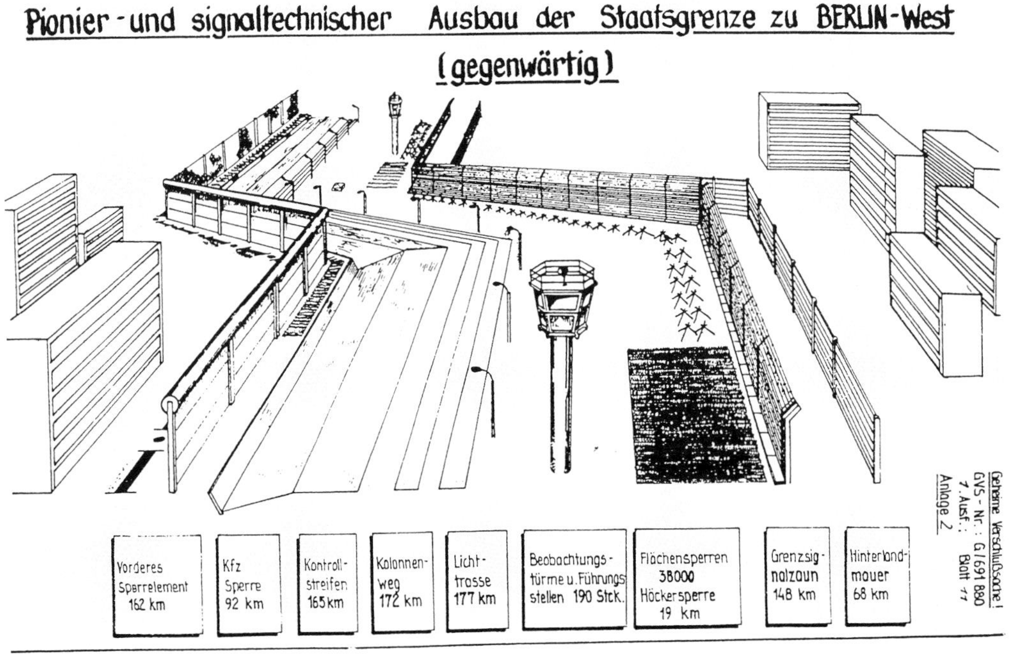

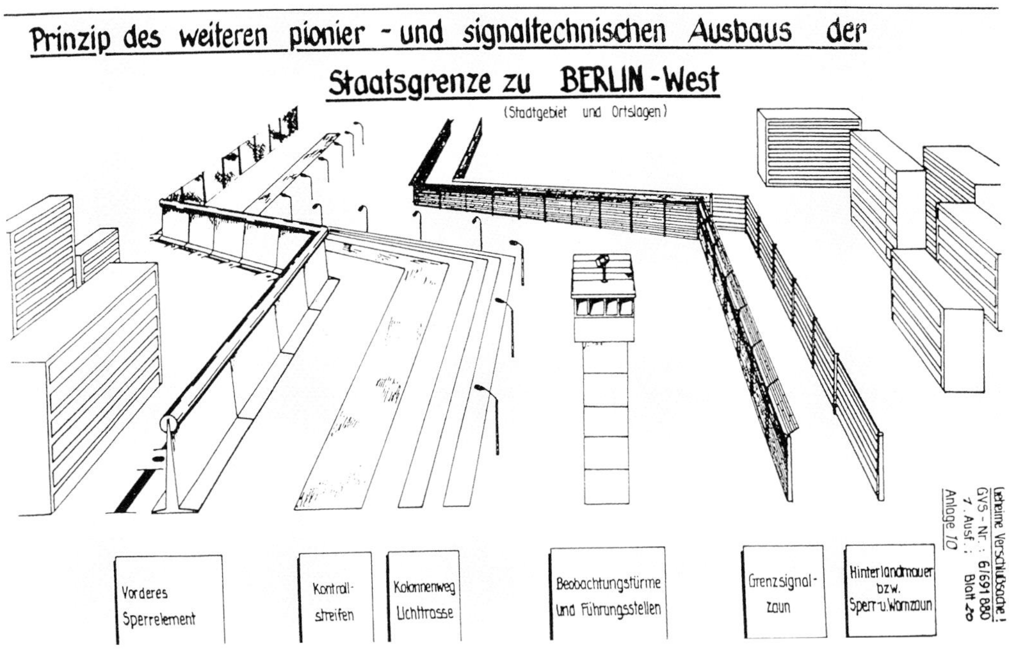

Schema delle truppe di frontiera sulla posizione degli impianti di confine alla metà degli anni 70 (sopra) e progetti per ulteriore ampliamento (sotto). Alcuni elementi di sbarramento vennero eliminati e la zona di frontiera divenne «visibile».

Ausbau der Staatsgrenze der DDR zu BERLIN(WEST) mit neuen Grenzsicherungs-anlagen im Stadtgebiet der Hauptstadt der DDR - BERLIN - Stand: 05.07.1985

Geheime Verschlußsache! GVS-Nr. G 694 545
1. Ausfertigung, Blatt 9

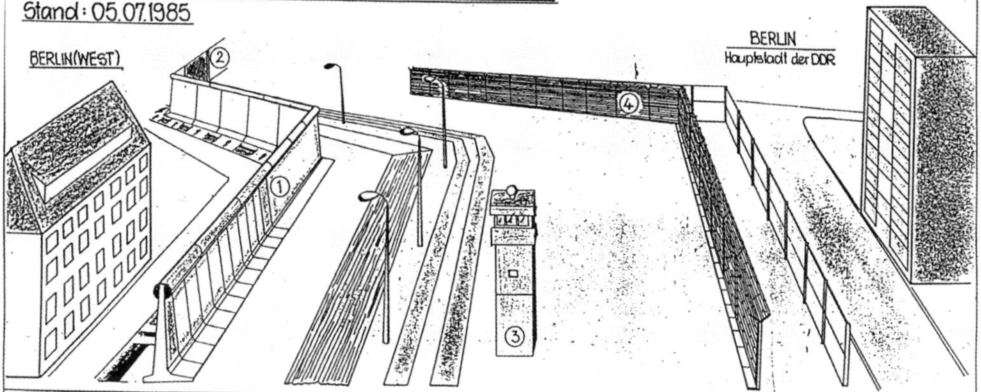

NEUBAU / REKONSTRUKTION								
Pos.	GSiA	ME	AUFGABE 1983-85	AUFGABE 1986-90	Ges.	ERFÜLLUNG 05.07.85	%	vorges. Abschl.
①	Grenzmauer 75	km	6.4	4.0	10.4	5.1	79	1987
②	Grenzzaun I/83	km	0,3	8,4	8,7	4,34	54	1986
③	Beobachtungst.	St	40	7	47	40	100	1986
④	Grenzsignalzaun 83	km	6.0	30,9	36,9	3.2	53	1986

ABBAU								
Pos.	GSiA	ME	AUFGABE 1983-85	AUFGABE 1986-90	Ges.	ERFÜLLUNG 05.07.85	%	vorges. Abschl.
⑦	Höckersperre	km	9,0	7,4	16,4	6,6	73	1986
◯		St	8100	6700	14.800	5940	73	1986
⑧	Flächensperren	St.	18800	-	18800	-	100	1984
⑨	Postenhäuser	St.	45	-	45	38	84	1985

Grenzsignal- und Sperrzaun I

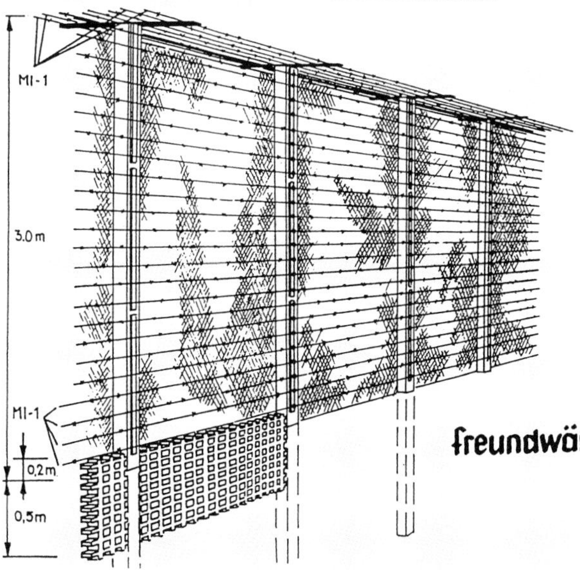

Betonzaunsäulen 4,50 m
Streckmetall
Stacheldraht Chrom-Nickel
Wildabweisung
Unterkriechschutz

Kosten / km ca. 235 TM (Neubau)
bei teilweiser Wiederverwendung von Material ca. 180 TM

freundwärts

Geheime Verschlußsache!
GVS-Nr.: G/691 880
1. Ausf.: Blatt 13
Anlage 4

Progetti delle truppe di frontiera riguardo alle variazioni da realizzare a partire dal 1985 agli impianti di sbarramento (sopra). Recinzione di filo spinato con allarme: dopo il «muro interno» costituiva il secondo sbarramento (sotto).

«sostegno ideologico», compito in cui si distinse subito Karl-Eduard von Schnitzler, propagandista particolarmente convinto della necessità del Muro.

All' «armamento interiore» delle truppe di frontiera apparteneva soprattutto un'immagine chiusa del mondo politico-ideologico , cui corrispondeva però un'immagine chiara del nemico sulla base del Leninismo marxista. Il nemico principale era l' «imperialismo internazionale», cioè gli stati occidentali. «Fino a che esisterà l'imperialismo, il filo conduttore della sua politica sarà l'ostilità implacabile contro il socialismo. Cercherà sempre di smantellare il nostro sistema di difesa, di rendere penetrabile il nostro confine di stato, di realizzare colpi provocatori sul confine, e – quando gli sarà sembrata giunta l'ora – di fomentare l'aggressione aperta.» Questa valutazione sommaria tratta da un «aiuto all'argomentazione» per ufficiali politici del 1971, è riconoscibile formalmente in tutto il materiale utilizzato per l'addestramento delle truppe di frontiera. «L'essere reazionario e la politica aggressiva dell'imperialismo devono essere portati alla luce in modo efficace e devono costituire per gli appartenenti alle truppe di frontiera un'immagine del nemico profonda e reale, conforme alla nostra coscienza di classe» si trova tra le direttive d'addestramento dell'anno 1975.

Da un album di fotografie delle truppe di frontiera: pattuglia in motocicletta durante il servizio notturno.

Anche verso l'interno, rispetto ai «nemici del sistema» e ai «fuggitivi dalla repubblica», venne disegnata una chiara immagine del nemico. Negli avvisi ufficiali delle truppe di frontiera i fuggitivi vengono spesso dichiarati quali «criminali» e «traditori» o «nemici», per diminuire gli scrupoli delle guardie nello sparare. Un tentativo di fuga, un contatto diretto tra guardie di frontiera e fuggitivi, veniva spesso descritto come uno scontro , esattamente come se le guardie di frontiera e i fuggitivi si trovassero in stato di guerra, dove l'uso delle armi da fuoco è ovvio.

Nel giugno del 1971 il Comando della frontiera di Mitte rivolse il seguente saluto ufficiale al VIII. Congresso del partito della SED: «Noi dimostriamo attraverso il nostro rendimento massimo – la nostra fedeltà … alla politica chiarificatrice della SED … – il nostro odio nei confronti dell'Imperialismo e dei suoi mercenari …»[28]

L'odio era un tema ricorrente dell'addestramento politico, odio sia contro l'Imperialismo occidentale, il «nemico di classe», sia contro i suoi «mercenari», cui appartenevano anche i «violatori della frontiera» e i «fuggitivi dalla repubblica». Nel novembre del 1981, il capo delle truppe di frontiera Baumgartner, nel suo discorso al 35. Congresso delle truppe di frontiera dichiara il proprio «disprezzo e odio ... contro elementi senza scrupoli ... che mettono in gioco il futuro dell'intera umanità ... per gli interessi di profitto e di potere imperialistici.»

Gli eroi defunti: il culto dei soldati di frontiera uccisi

27 soldati di frontiera della DDR vennero uccisi da colpi d'arma da fuoco tra il 1961 e il 1989 al Muro e alla frontiera interna tedesca. Nello stesso periodo di tempo persero la vita 900 fuggitivi. Due vittime delle truppe di frontiera vennero particolarmente esaltate dalla propaganda della DDR: Peter Göring e Reinhold Huhn, ambedue uccisi da colpi d'arma da fuoco al Muro di Berlino nel 1962. Peter Göring venne colpito mortalmente da una pallottola proveniente dall'Ovest il 23 maggio 1962 nelle vicinanze del cimitero di Invalidenstraße durante uno scambio di colpi d'arma da fuoco tra le guardie di frontiera della DDR e i poliziotti di Berlino Ovest durante il tentativo di un fuggitivo di 14 anni. Il soldato di frontiera Reinhold Huhn perse la vita il 18 giugno 1962 vicino al Checkpoint Charlie. Mentre Reinhold teneva sotto controllo diverse persone che stavano entrando in un tunnel per fuggire nell'Ovest, uno dei fuggitivi trasse un'arma e lo colpì a morte.

Reihnold Huhn e Peter Göring furono trasformati in «eroi socialisti». Per loro e per altri soldati di frontiera uccisi, venne eretto un monumento commemorativo nel quartiere di Mitte – visibile dall'edificio dell'editore Springer – cui venivano condotte le reclute delle truppe di frontiera, le delegazioni straniere più le scolaresche di giovani e bambini. La strada che vi passava accanto – la Schützenstraße – venne ribattezzata Reinhold-Huhn-Straße. Nel 1972 il capo delle truppe di frontiera ordinò che venisse arredato uno «spazio di commemorazione» nelle caserme dei soldati uccisi. Dovevano contenere e mostrare i loro ritratti e alcuni oggetti personali. L'arredamento di questi spazi doveva seguire un preciso modello, illustrato negli allegati all'ordine con foto e schizzi. Negli «spazi di commemorazione» venivano condotti i giovani soldati di frontiera all'inizio del loro servizio, in modo da mostrare loro «la brutalità e la spietatezza» dei fuggitivi dalla repubblica e dei «nemici» dall'altra parte del Muro.

Dopo la caduta del Muro, da alcune indagini del pubblico ministero risultò che probabilmente almeno 9 soldati di frontiera erano stati uccisi da camerati in fuga. In tre casi i colpi d'arma da fuoco provenivano da armi dei soldati americani e di poliziotti di Berlino Ovest. Tre guardie di frontiera vennero uccise da civili in fuga. Senza tener conto delle circostanze, la propaganda politico-ideologica li poneva al centro di un culto eroico, con l'obiettivo di rendere i soldati impiegati nel servizio alle frontiere più consapevoli del pericolo e della slealtà del «nemico» – fuggitivi o poliziotti dell'Ovest che fossero.

Ausiliari volontari delle truppe di frontiera

Questo appariva essere il sogno della DDR: un intero popolo di cecchini di frontiera. Per quanto riguardava lo spionaggio inter-

Quando si trattava del rafforzamento ideologico delle truppe Karl-Eduard e Schnitzler (in piedi) erano sempre presenti.

no, la Stasi aveva raggiunto grandi traguardi contando 150 000 collaboratori non ufficiali in tutta la DDR, come si poté stabilire nel 1989.

Anche per la sicurezza del regime di isolamento e per impedire ulteriori azioni di fuga ci si affidò all'attività ausiliarie dei civili. Questi «volontari delle truppe di frontiera» adempivano prima di tutto al servizio di pattugliamento nei territori vicino alla frontiera, dove scoprivano i fuggitivi in anticipo e li consegnavano alla polizia.

Da un rilevamento statistico risulta che i volontari abbiano svolto un efficace lavoro di collaborazione con la polizia e le truppe di frontiera . Grazie alla loro opera, alla frontiera interna tedesca furono registrati – tra il dicembre del 1974 e il novembre del 1979 – 4 956 «movimenti di persone in direzione DDR–BRD», cioè tentativi di fuga. Di queste, 3 984 vennero arrestate già prima di raggiungere la prima recinzione segnaletica, e in questa opera preventiva i volontari ebbero un ruolo centrale. Nell'area degli impianti di sicurezza di frontiera, in questo stesso periodo, avvennero in tutto 743 arresti per mano delle truppe di frontiera. Solo a 229 persone riuscì in questo periodo la fuga all'Ovest.[29]

In un rapporto della brigata di frontiera «13. agosto» (area Potsdamer Platz/Brandenburger Tor) alla direzione distrettuale berlinese della SED per il periodo 1965/66 viene segnalata chiaramente la partecipazione della popolazione di confine e dei volontari di frontiera: «In sette casi di arresto di persone che si trovavano nell'area di confine per la preparazione di azioni criminali, è risultato determinante l'aiuto della popolazione che vive vicino al confine. Il lavoro con i volontari di frontiera è diventato elemento portante e costante nel sistema della sicurezza delle frontiere.»[30]

Nel 1969, il resoconto di un ufficiale sottolinea l'ottima collaborazione tra truppe di frontiera e «truppe di volontari» civili: «Al momento 468 cittadini in qualità di volontari in aiuto delle truppe di frontiera adempiono il loro servizio in 64 gruppi e raggiungono buoni risultati ... nella sicurezza delle frontiere.»[31] I volontari erano di regola gentili e corretti. Un ex ufficiale delle truppe

Panoramica della zona di frontiera da una torretta d'osservazione a Potsdamer Platz, sullo sfondo il Reichstag.

di frontiera ricorda i loro compito in questo modo: «Compivano ... il loro giro di giorno durante le ore lavorative e la sera ... Giravano di pattuglia, facevano controlli per la sicurezza nell'area di confine; ciò significava anche controllare le chiusure di sicurezza delle cooperative di produzione agraria, vedere se le macchine erano state spente correttamente, che in nessun mezzo o porta fossero rimaste appese le chiavi, in modo tale che nessuno potesse andarsene in direzione Ovest di notte o con la nebbia ... Era nostra convinzione che la frontiera potesse essere sicura soltanto se la popolazione partecipava al controllo.»[32]

Riguardo ai compiti e alle competenze dei volontari, così era prescritto nel «manuale ufficiale del soldato di frontiera»: «I volontari in aiuto dei soldati di frontiera possono contribuire ad eseguire determinati compiti. Possono:

- arrestare indiziati e ... arrestare momentaneamente violatori di frontiera
- controllare il traffico in punti importanti di passaggio dell'area di frontiera e compiere ricognizioni in altri punti particolari
- rendere sicuri determinati punti o fabbriche
- rafforzare lo sbarramento e aiutare nella ricerca di violatori di frontiera passati dall'altra parte.»[33]

Già nell'agosto del 1952, tre mesi dopo la chiusura delle frontiere interne tedesche, la ex polizia di frontiera aveva assunto circa 540 «aiutanti della polizia di frontiera», civili impiegati nel servizio di osservazione e di pattuglia lungo la linea di demarcazione. Dal 1958 vennero impiegati «volontari in aiuto delle truppe di frontiera», che apparivano in abiti civili e si contrassegnavano con una fascia sul braccio. Il servizio dei «volontari», correlati ai diversi programmi di sicurezza, consisteva innanzitutto nei giri di pattuglia antistanti gli impianti di sbarramento. A questo scopo si muovevano in coppia, a volte anche in gruppi di 6 accompagnati da poliziotti di frontiera. Se non erano disarmati e in civile, oltre alla fascia al braccio potevano portare una divisa di fustagno e un chepì.

«Giovani pionieri» al monumento commemorativo del soldato di frontiera Reinhold Huhn.

Svolgevano dalle sei fino alle otto ore si servizio al mese, e a loro era affidata la «ricognizione e il controllo di possibili nascondigli nei cantieri, negli immobili e negli impianti ...». Avevano l'autorizzazione a controllare ed arrestare persone sospettate. La maggior parte dei volontari si reclutava a Berlino Est e tra il personale di fabbriche vicine alle frontiere. Erano tutti membri della SED, per la maggior parte riservisti dell'Esercito Nazionale o delle truppe di frontiera. Il programma di introduzione al servizio consisteva in istruzione politico-ideologica, in addestramento al tiro e alla lotta corpo a corpo e corsi d'igiene.

La loro «efficacia» si può trarre indirettamente dalle statistiche riguardo gli arresti nell'area di confine. Nel 1988 avvennero 2 312 arresti nei pressi delle frontiere interne tedesche e del Muro:

978 per mano della polizia
526 per mano della polizia mobile
614 attraverso le truppe di frontiera
273 attraverso la Stasi.[34]

Il gran numero di arresti per mano della polizia mobile furono possibili anche grazie ad indicazioni ed attività dei volontari.

Nel 1986 il Consiglio Nazionale della Difesa disponeva che venisse assegnata un'onorificenza ai «volontari» per «il servizio fedele nella protezione delle frontiere di stato della DDR». All'onorificenza corrispondeva anche un premio in denaro di 150 fino a 500 marchi. Anche per prestazioni singole, sopratutto per l'arresto di fuggitivi, venivano accordati dei premi.

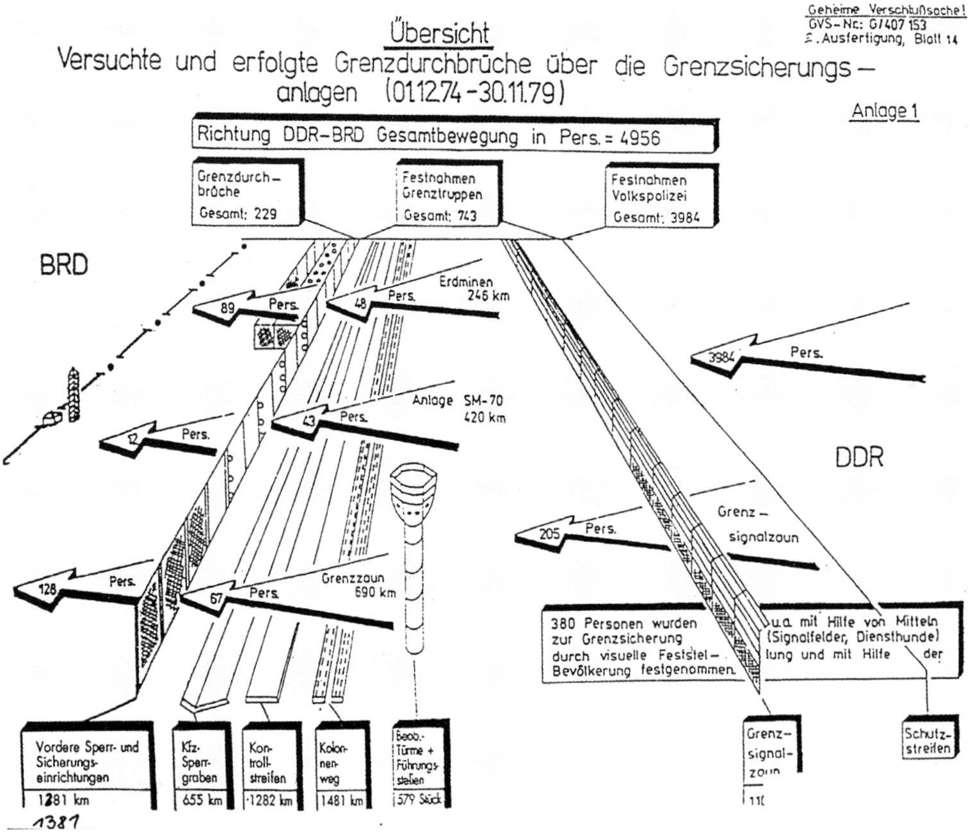

Dei 4956 tentativi di fuga accertati al confine interno tedesco, 3984 fallirono già al primo elemento di sbarramento.

CENT'ANNI DI MURO?

Abitudine e rimozione

La gente cominciava ad abituarsi al Muro poco a poco? A partire dalla seconda metà degli anni settanta, lo si sarebbe potuto credere. Il Muro e la divisione in due della città, facevano ormai parte della normalità, tanto fastidiose e assurde che fossero le conseguenze di questa normalità.

Nel maggio del 1971 ci fu un cambio nella direzione della DDR: all'ormai grigio Ulbricht seguì Erich Honecker a capo della SED. Proprio «l'architetto del Muro» si ritrovò ad aveve tutte le fila del potere in mano. Ciononostante molti riposero nella DDR nuove speranze in questo cambio al vertice, aspettative che in parte sembrarono addirittura avverarsi nell'ambito della politica di distensione con i relativi concreti miglioramenti nella frequenza delle visite e dei viaggi. Nel 1974 ambedue gli stati tedeschi aprirono a Berlino Est e Bonn «rappresentanze permanenti»; mentre in campo internazionale la DDR riceveva sempre maggior riconoscimento. Bisogna dire che negli anni seguenti migliorarono anche le condizioni di vita, senza tuttavia alcun segnale di apertura politica o sociale. Neanche a parlarne poi, di un eventuale allentamento del sistema di isolamento alla frontiera. Al contrario. Gli impianti di sbarramenti continuavano ed essere costruiti.

Fino al 1989 ci furono persone che rischiarono letteralmente la propria vita perché non sopportavano la ristrettezza della DDR. Dal 1985/86 le truppe di frontiera registrarono addirittura un chiaro aumento delle azioni di fuga sia con esito positivo, che fallimentare: in alcuni punti del Muro ci fu un aumento di oltre il 20%.

Anche le diserzioni continuavano ad avvenire, come nel settembre del 1986 nelle vicinanze del Reichstag, oppure due mesi dopo al Teltowkanal. Lì la guardia di frontiera Mathias Sch. disarmò il suo capo guardia e gli propose la fuga comune. Questi però non volle, allora Sch. saltò da solo la recinzione di sbarramento e scavalcò il Muro in direzione di Berlino Ovest. Prima però appoggiò il suo kalaschnikov alla recinzione con la canna conficcata nel terreno.

Dall'est all'ovest, dall'ovest all'est

Il 21 agosto del 1988 molti turisti vengono strappati dalla loro tranquillità sulla riva della Sprea vicino al Reichstag. Verso le 10:00 del mattino quattro giovani, due uomini e due donne, cercano faticosamente di superare gli impianti di sbarramento. Avevano già quasi raggiunto la riva orientale quando una guardia di frontiera li nota. I quattro si tuffano nella Sprea e cercano di raggiungere la riva occidentale nuotando. Le guardie della DDR inseguono in barca i fuggitivi che disperatamente cercano di avanzare. Una delle due donne viene presa ma riesce a liberarsi di nuovo. Una squadra di operatori televisivi che si trovava casualmente sulla riva Ovest della Sprea, filma tutte queste scene drammatiche. Incitati dai testimoni presenti, i quattro alla fine riescono a raggiungere sfiniti la riva occidentale.

Questa fuga avvenuta alla presenza di telecamere e davanti a testimoni prima indignati e poi entusiasti, provoca alla direzione delle truppe di frontiera un gran grattacapo. Allora viene ordinato di: «Considerare nuovamente i tratti di frontiera esposti particolarmente al pubblico, ponendovi guardie di frontiera di provata esperienza e, dove necessario, aumentarne il numero a 3 AGT» (appartenenti alle guardie di frontiera).[35]

L'effetto di questi provvedimenti non è esattamente quello desiderato. Pochi mesi dopo, il 14 febbraio 1989, a due uomini riesce la fuga in un tratto poco distante. Con una vettura sfondano la recinzione di sbarramento e si buttano nella Sprea protetti dal freddo con mute da sub. Con le ultime forze raggiungono la riva occidentale, mentre un terzo fuggitivo venne raggiunto dalla barca delle truppe di frontiera e catturato.

Si sono verificate anche «violazioni di frontiera» al contrario, da Ovest verso l'Est. Negli anni settanta un berlinese dell'Ovest scavalcò 5 volte il Muro in direzione Est, dove venne sempre arrestato. Durante l'interrogatorio, alla consueta domanda perché non usufruisse dei passaggi di frontiera, rispondeva regolarmente che abitando lui a Kreuzberg e i suoi conoscenti proprio di fronte, la via più breve era semplicemente quella più diretta. A questa logica le guardie di frontiera non trovavano nulla da ridire e il «violatore» della frontiera veniva rimandato a Berlino Ovest. Fino alla volta successiva.

Per alcuni di questi «scavalcatori» il Muro era un oltraggio personale o una «sfida sportiva». Come il diciottenne Rainer W. che all'inizio degli anni settanta scavalcò gli sbarramenti a Potsdam-Babelsberg in direzione Ovest. Vi rimase però solo un weekend, perché in effetti non gli piacque del tutto. Pochi mesi dopo, seguendo un impulso interiore, scavalcò di nuovo il Muro. Più tardi si trasferì a Berlino Ovest con un'autorizzazione della DDR e continuò a scavalcare il Muro dall'Ovest all'Est. Le truppe di frontiera si liberavano ogni volta dello «scavalcatore» dopo un breve interrogatorio, rimandandolo a Berlino Ovest.

Mentre i politici occidentali lavoravano per ottenere una maggior penetrabilità del Muro, alcuni contestatori ribelli dell'epoca avevano dichiarato la loro personale guerra al mostro.

Tra i più sfrontati c'era sicuramente l'americano John Runnings, che nel 1986/87 attaccò diverse volte il Muro. Nell'estate del 1986 arrivò a Berlino e scavalcò il Muro con una scala. Né i poliziotti dell'Ovest né le guardie di frontiera dell'Est riuscirono a convincerlo ad abbandonare l'impresa di camminare in equilibrio sul Muro per circa 500 m, osservato da numerosi presenti che incitando lo applaudivano. Alla fine le truppe della DDR lo indussero a scendere e lo presero in custodia. Per evitare ulteriore scalpore e impicci diplomatici le autorità lo rimandarono nell'Ovest poco dopo un breve interrogatorio.

Running però non si lasciò intimidire e pochi giorni dopo iniziò un'altra azione, durante la quale si sedette a cavalcioni sul Muro e lo prese simbolicamente a martellate. Venne immediatamente arrestato dalle truppe della DDR e alcuni giorni dopo rimandato all'Ovest. La sua terza «passeggiata sul Muro» gli costò 53 ore di prigione nella DDR.

La mattina del 1 giugno 1988 le guardie di frontiera si trovarono nell'area della Potsdamer Platz di fronte ad una «sfida» molto speciale – una «fuga di massa» nell'Est. Più di 200 punks berlinesi dell'ovest, abitanti della baraccopoli del cosiddetto triangolo Lenné, scapparono in direzione di Berlino Est per sfuggire ad una carica dei poliziotti occidentali. Lo spettacolo – uno dei più divertenti legati alla divisione della città – si ripeté per diversi mesi grazie ad una delle particolarità topografiche create proprio dal Muro che in alcuni punti non si trovava esattamente sulla linea di demarcazione del confine. A volte la vera frontiera si trovava a 1–2 m davanti al Muro, e in alcuni punti anche molto di più. Proprio in mezzo alla città, a Potsdamerplatz, c'erano circa 4 ettari di terreno compresi tra Lenné, Bellevue e

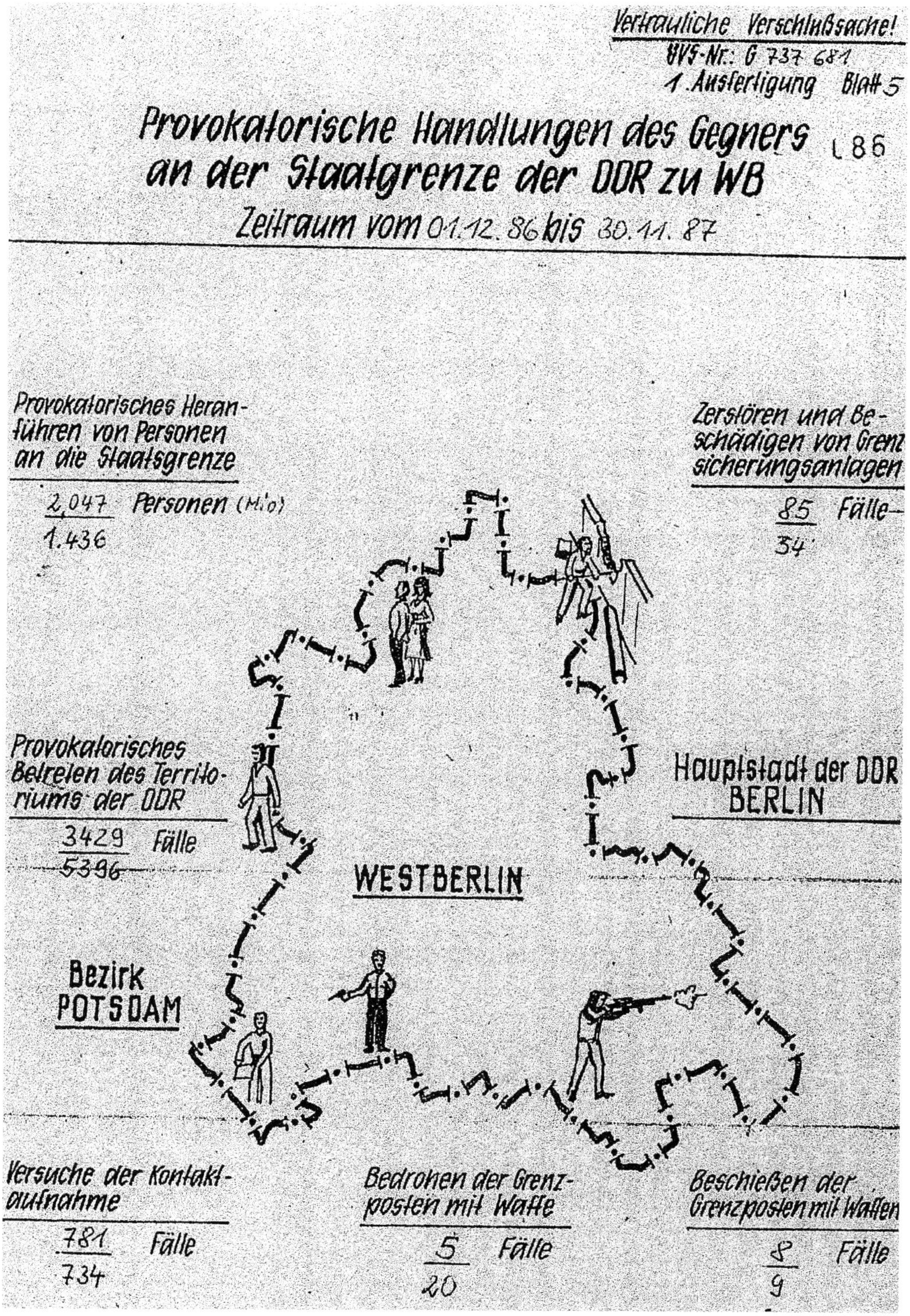

Presentazione delle truppe di frontiera riguardo le azioni di protesta e altri episodi al «confine di stato della DDR».

la Ebertstraße – il triangolo di Lenné appunto – che appartenevano a Berlino Est ma che si trovavano al di fuori del Muro.

Nel marzo del 1988 Berlino Est e il Senato di Berlino Ovest si accordarono su uno scambio di terreni in seguito al quale il triangolo Lenné sarebbe diventato territorio di Berlino Ovest. Finché però l'accordo non entrò in vigore questa area rimase extraterritoriale e venne quindi sfruttata da giovani «autonomi» di Kreuzberg – tacitamente tollerati da Berlino Est – che eressero un villaggio di baracche per protestare contro alcune misure edilizie del Senato di Berlino Ovest. Con crescente divertimento, i berlinesi assistettero nelle settimane successive al gioco del gatto col topo tra poliziotti e occupanti delle baracche che, dopo ogni scontro, si rifugiavano regolarmente nel triangolo di Lenné, dove la polizia occidentale non aveva accesso.

Puntuali, all'entrata in vigore dell'accordo sullo scambio di territori, circa 900 poliziotti si diressero al triangolo Lenné caricando con i gas lacrimogeni. Gli occupanti si sottrassero all'arresto saltando il Muro in direzione Est. Per le truppe di frontiera della DDR non fu un evento inatteso e accolsero tranquillamente i «violatori di frontiera». I punks vennero trasportati in un luogo di ristoro e dopo una colazione e il controllo dei documenti vennero rimandati a Berlino Ovest attraverso diversi passaggi di frontiera.

Una superficie bianca invita alla pittura. Lo pensarono anche molti berlinesi dell'Ovest quando dal 1976 con la costruzione del «muro di frontiera 75» nacque una superficie piana e chilometrica fatta di segmenti di cemento altri 3,60 m che … sembrava proprio implorasse graffiti e colori. Ma il Muro in nessun punto costituiva esattamente la frontiera. Il Muro si trovava in territorio di Berlino Est e la distanza fino alla reale frontiera era di almeno un metro. Per gli appassionati di graffiti ciò significava oltre alle infinite possibilità di espressione anche l'eccitazione per una violazione perpetua della frontiera. Anche le truppe di frontiera della DDR la vedevano così. Per decenni, attraverso minuscole porte di passaggio, soldati con pittura e pennello furono spediti a ridipingere il versante del Muro «rivolto al nemico».

Nel 1984 Rainer Hildebrandt, il direttore della «Casa di Checkpoint Charlie» ebbe l'idea di bandire un concorso di pittura. Al concorso col titolo «Superiamo il Muro pitturandolo» presero parte artisti internazionali, tra cui Lew Nussberg, Christophe Boucherts, Richard Hambleton e Jonathan Borowskj. Più tardi, anche la star dei graffiti Keith Haring dipinse i suoi famosi omini sul Muro. Nel frattempo le truppe di frontiera avevano rinunciato a coprire le pitture sulla facciata del Muro «rivolta al nemico»; solo in casi straordinari le guardie di frontiera cancellavano i graffiti.

Nonostante l'abitudine del Muro, si verificarono fatti che provocarono gravi schock a Berlino Ovest. Come per es. nel maggio del 1975, quando a Kreuzberg il piccolo Cetin di 5 anni cadde nella Sprea giocando. Dopo pochi minuti giunsero i sub di Berlino Ovest che però non poterono intervenire. In quel tratto la Sprea apparteneva in tutta al sua larghezza a Berlino Est. Una barca delle truppe di frontiera della DDR giunse troppo tardi sul luogo della disgrazia e non potè far altro che ripescare il cadavere del bambino. A Berlino Ovest l'accaduto provocò un'ondata d'indignazione. Centinaia di persone si raccolsero lungo la Sprea a protestare accusando il regime della SED di «assassinio di bambini» e «disumanità».

Questo tipo di avvenimenti, che di colpo rendevano la gente di nuovo cosciente del Muro, non rientravano nei piani della DDR. Dopo la morte del bambino, Est e Ovest trovarono ulteriori accordi riguardo a prestazioni d'aiuto «non burocratiche» in «casi di infortuni alla frontiera.»

Sul filo della frontiera: Enclave e idilli

Il triangolo Lenné fu solo uno dei luoghi in cui il Muro causò avvenimenti divertenti. Un altro fu l'enclave di Steinstücken a Berlino Ovest. Si trattava di un'area grande circa 13 ettari con 130 abitanti a sud-est della città, circondata interamente da territorio della DDR. Dalla fine della guerra l'unico collegamento con Berlino Ovest consisteva in un sentiero lungo 1,1 km, lungo il quale gli abitanti dovevano passare due posti di controllo. Con la costruzione del Muro Steinstücken venne tagliata fuori completamente da Berlino Ovest e in conseguenza si pose la questione della sua possibilità di sopravvivenza. Il 21 settembre 1961 il Generale Clay volò con un elicottero a Steinstücken per dimostrarne l'appartenenza a Berlino Ovest. Quale «protezione» diretta vennero stazionati a Steinstücken tre soldati americani.

Tuttavia per gli abitanti iniziarono anni di vessazioni e minacce. Fino alla firma dell'Accordo tra le quattro potenze, le truppe di frontiera lasciavano passare solo gli abitanti residenti nella enclave, oltre a pompieri, medici e levatrice. Nell'agosto del 1972, fu finalmente costruita una strada di collegamento diretto tra Steinstücken e Berlino Ovest, chiusa da ambo i lati dal Muro alto 3,60 m.

Un'altra enclave era la cosiddetta Eiskeller (ghiacciaia), collegata con il quartiere di Spandau a Berlino Ovest attraverso un raccordo stradale.

Mentre il Muro lasciava fuori in alcuni punti intere aree, come per es. il triangolo Lenné nella Potsdamer Platz, c'erano in altri punti misure di costruzione bizzarre, che avevano lo scopo di includere nel Muro singole case o terreni. Un esempio era «Entenschnabel» (becco d'anitra) a Hermsdorf, a nord di Berlino, dove una striscia di terreno

1967: Le azioni di protesta nella parte occidentale del Muro, come in questo caso, venivano regolarmente documentate e archiviate con cura.

che si inoltrava nel territorio di Berlino Ovest, era inclusa nel Muro. In altri punti, come per es. Treptow, le colonie di orti privati erano situate così vicine l'una all'altra, che gli abitanti potevano ammirare ognuno le aiuole degli altri. Bere insieme un caffè però no!

Un orto privato distante da qualsiasi colonia si trovava a Kreuzberg, nella Mariannenplatz. Nel 1986 un turco con sua moglie si trasferì nella zona di frontiera. Alla domanda a chi appartenesse un terreno tenuto improduttivo, gli risposero che non apparteneva a nessuno. Spontaneamente Osmar Kalin ci coltivò un orto di verdure. Questo però era situato nel territorio di Berlino Est. Anche in questo punto il Muro non includeva l'ampia area prospiciente accessibile da Ovest. All'inizio le truppe di guardia cercarono di scacciare i turchi dal terreno, li minacciarono addirittura di sparare ma Kalin e la moglie non si lasciarono impressionare e continuarono a coltivare il loro orto. Alla fine il reggimento di frontiera lasciò loro il terreno.

Anche «provocazioni del nemico» di questo genere finivano nell'archivio delle truppe di frontiera.

Proteste giovanili a Berlino Est

Necessitava di una buona dose di coraggio scandire lo slogan «il Muro deve sparire» nel 1977 ad Alexanderplatz, a Berlino Est, e poi ancora il 7 ottobre, cioè il giorno di commemorazione ufficiale della fondazione della DDR. Gruppi musicali e compagnie di ballo avrebbero dovuto festeggiare il 28esimo anno dello «Stato degli operai e contadini» nel centro di Berlino Est, con incluso il previsto giubilo di prammatica. Durante un concerto jazz si arrivò ai primi scontri tra i giovani e la polizia; volarono pietre; vetrine andarono in pezzi. Quasi dal niente si scatenò una vera guerriglia urbana in tutti i sensi, durante la quale le forze dell'ordine intervennero pesantemente. Le forze in uniforme dovettero assistere alle imprecazioni di odio e alle melodie di scherno di circa 1 000 giovani che, continuamente, gridavano: «Il Muro deve sparire!» Tre giovani persero la vita durante i violenti scontri; diverse dozzine di persone subirono ferite gravi. Più di 150 persone vennero arrestate dalle truppe d'assalto e dalla Stasi.

Per la prima volta si era verificata a Berlino una protesta di massa spontanea contro il Muro. Fu come lo scontro improvviso di due mondi: da una parte «i lavoratori gioviali» e dall'altra centinaia di giovani cui bastava una sola scintilla per esprimere la rabbia contro il regime della SED e il simbolo del potere: il Muro.

La musica portò nuovamente nel 1987 a proteste di massa contro il Muro, durante le quali a Berlino Est di nuovo si verificarono gravi scontri. Tra il 6 e il 9 giugno 1987 le star internazionali della musica Pop David Bowie, Genesis e Eurythmics, diedero una serie di concerti davanti al palazzo del Reichstag. Alcune casse erano dirette verso Est, nella Unter den Linden, dove circa 4 000 giovani erano radunati per partecipare almeno acusticamente allo spettacolo rock.

L'area intorno alla Porta di Brandeburgo era completamente chiusa dalle truppe di frontiera a dai collaboratori della Stasi. Nella notte del 9 giugno però alcune centinaia di giovani riuscirono a sfondare gli sbarramenti e ad avvicinarsi alla Porta di Brandeburgo. Si giunse ad una vera e proprio battaglia tra i fan rock e la polizia coadiuvata dalle truppe di confine e dalla Stasi. Di continuo risuonavano chiaramente i cori di «il Muro deve sparire!» – «Gorbachev! Gorbachev!» Grazie alla forza degli sfollagente i giovani furono dispersi. La Stasi e la polizia arrestarono circa 200 giovani.

Alla metà degli anni ottanta si iniziò nella parte di Berlino Est a rafforzare gli sbarramenti nell'area della Porta di Brandeburgo/Pariser Platz. L'ex direttore del «Centro d'informazione della Porta di Brandeburgo», il tenente colonnello Ganßauge, diede la seguente spiegazione: «Con gli attuali sbarramenti è possibile passar sotto alla sbarra di sollevamento e ai parapetti stradali e raggiungere la zona di frontiera, ciò significherebbe provocare le truppe di frontiera. Il tratto offre buone possibilità per azioni dimostrative, soprattutto durante le visite di delegazioni e partiti stranieri.»[36]

Ciò doveva essere reso impossibile con la costruzione di ulteriori recinzioni metalliche e di portali telecomandati. I provvedimenti necessari vennero svolti nell'estate del 1984, sotto stretto controllo delle truppe di frontiera.

Successe poi che nella metà degli anni ottanta i due uomini più potenti del mondo visitassero a breve distanza l'uno dall'altro il Muro di Berlino. Mentre il capo del partito sovietico Gorbachev ringraziò – e siamo già nel 1986 – «le eroiche truppe di frontiera» per il loro servizio a favore della sicurezza dell'Europa, nel giugno del 1987 il Presidente degli Stati Uniti d'America Ronald Reagan diresse al capo del Cremlino un appello alla Porta di Brandeburgo: «... fino a quando la Porta rimarrà chiusa, il Muro sarà sempre una ferita; e non solo la questione tedesca resterà aperta, ma anche la questione della libertà dell'intera umanità ... Segretario Generale Gorbachev, se ci tiene alla pace, se si augura il benessere dell'Unione Sovietica e dell'Europa dell'Est, se davvero vuole liberalizzare, allora venga davanti a questa Porta e l'apra! Signor Gorbatschow, butti giù questo Muro!»

Le truppe di frontiera piazzarono enormi altoparlanti alla Porta di Brandeburgo per coprire il discorso di Reagan, che si rivolgeva direttamente anche alla popolazione di Berlino Est. All'Ovest il Presidente venne deriso, se non osteggiato, per questo discorso. Probabilmente a causa dell'umore politico del momento e della diffusa indifferenza nei confronti del Muro che, secondo l'opinione più corrente, sarebbe rimasto ancora per decenni.

«Il muro high tech 2000»

Il Muro «esisterà ancora per i prossimi 50 o 100 anni, se i motivi della sua esistenza non verranno eliminati.»[37] Dev' essere entrato sul serio fin nelle ossa a molta gente della DDR quello che dichiarò il Capo del Partito e dello Stato, Honecker, il 19 gennaio del 1989.

La direzione delle truppe di frontiera non vedeva alcun motivo, ancora nel 1989, per pensare ad un allentamento del regime di separazione. Al contrario. Con riferimento esplicito alla dichiarazione di Honecker sui «cent'anni di Muro», si progettava l'ampliamento degli impianti di sbarramento oltre l'anno 2000. «Sarà ... ancora così per i prossimi anni (fino al 2000 e oltre) che la DDR dovrà perfezionare e assicurare il sistema di isolamento attraverso le proprie truppe di frontiera al confine con la Germania Federale e Berlino (Ovest) ...»[38]

Si pensava molto in anticipo nella DDR. Ancora nel 1988/89 furono programmati per es. dei dettagliati «progetti in prospettiva» per l'ampliamento del Muro fino all'anno 2000, così da perseguire due scopi contemporaneamente. Da una parte doveva essere reso ancora più difficile superare la frontiera per i fuggitivi, dall'altra la direzione della SED era molto interessata a che si sparasse il meno possibile nei pressi del Muro. Ogni sparo, ogni singolo ferito, danneggiava l'immagine internazionale della DDR. E proprio l'effetto esteriore acquistava sempre maggior significato, in periodi in cui la necessità di crediti aumentava rapidamente.

Risultato di questi sforzi fu il progetto «Muro high tech 2000», una frontiera in cui i tentativi di fuga fossero bloccati già molto prima del muro di sbarramento, attraverso cioè sistemi elettronici di ricognizione in cui – possibilmente senza l'utilizzo d' armi da fuoco – sarebbero stati sventati. Nella lingua dei comunicati dei comandi delle truppe di frontiera ciò veniva riportato nella seguente forma. «E' prioritario usufruire di tali principi fisici effettivi e mezze tecnici, che con maggior sicurezza indeboliscano nel nemico le cause di sobillazione contro la DDR.»[39] In altre parole: high tech al posto degli spari.

Questi obbiettivi, l'impedimento di ulteriori «violazioni della frontiera» e uso delle armi da fuoco il meno frequentemente possibile, si ritrovano anche in un programma dei Comandi delle truppe di frontiera del 6 maggio 1988 sul tema «sviluppo della tecnica di sicurezza delle frontiere per il periodo 1990–2000».

In questo programma viene rafforzata in generale la tecnica elettronica dei sensori al posto di recinzioni di sbarramento, muro e colpi d'arma da fuoco. Era prevista un'ampia scelta di innovazioni tecnologiche. Per cui per es. si voleva installare «nuovi apparecchi efficaci per gli impianti segnaletici delle recinzioni, sopratutto per le segnalazioni durante lo scavalcamento». Bisognava procurarsi i mezzi materiali e tecnici per installare un sistema di sensori microelettronici che coprissero tutta la superficie, analizzando contemporaneamente tutti i dati digitali rilevati da una centralina Nello stesso tempo si progettava di fornire le pattuglie di frontiera con apparecchi mobili di comunicazione e altri per la visibilità notturna.

Il Ministero della Difesa della DDR diede numerosi progetti di sviluppo in appalto, come ad es. quello all' «Istituto centrale di fisica della terra» di Potsdam per «sistemi di rivelazione di segnali sismici». Nel gennaio del 1985 i fisici di Potsdam presentarono i propri prototipi:

«Rivelazione: persone singole 3–8 m, autovetture 40–100 m.» Prezzo d'installazione per km circa 15 000 marchi. Ma anche in questo caso si presentarono dei problemi. «La distinzione tra animali e uomini con sensori sismici non era ancora stata risolta.» 40 Riguardo al progetto «Muro high tech» c'erano però difficoltà di carattere generale, soprattutto derivanti dall'arretratezza del-

Bezeichnung der Grenzsicherungsanlage	Ausbaustand 31. 12. 1988	geplant 1989 im Abschnitt Hptst. d. DDR BERLIN	Bezirk POTSDAM
Grenzmauer	103 km	1,1 km	0,9 km
Grenzzaun	70 km	1,0 km	13,8 km
Grenzsignal-u. Sperrzaun	27 km	-	7,5 km
Beobachtungsturm (BT-9)	111 Stück	2 Stück	6 Stück

«Il Muro rimarrà ancora per 100 anni ...» Progetti delle truppe di frontiera 1989.

Vertrauliche Verschlußsache!
VVS-Nr. G 857 426, 7. Ausf., Blatt 76

1. Bezeichnung und Kurzbezeichnung

Mikrowellenschranke "Georgin" - RLD-73

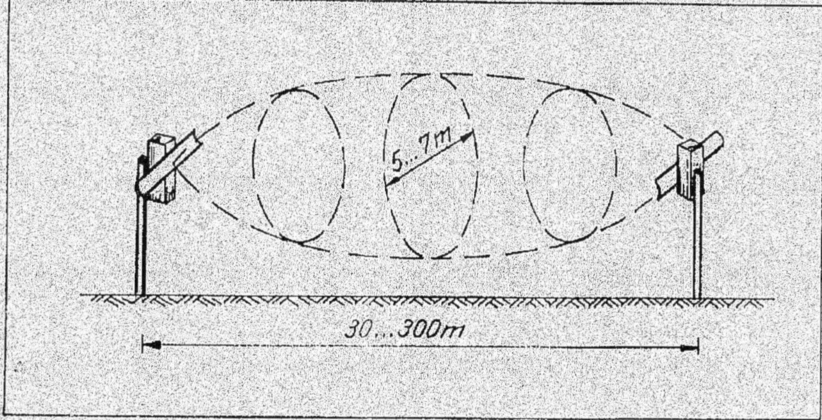

2. Militärische Zweckbestimmung

Überwachung einer Sicherungslinie im Gelände

3. Taktisch-technische Hauptparameter

- Sicherungslänge: 30 ... 300 m
- Sicherungsbreite: 5 ... 7 m
- Stromversorgung: Netz 220 V~ oder 26 V =

4. Orientierungsbedarf

5. Preisobergrenze

7,4 TRubel

6. Einführungsjahr und erforderlicher Einführungszeitraum

Jahr	1988	1989	1990
Stück	2	8	
Kosten in TRbl.	14,8	59,2	

Al progetto «frontiera high-tech» apparteneva anche questa barriera a microonde «Georgin».

l'industria elettronica e dai noti limiti finanziari della DDR.

Così lamentava il capo della progettazione del Ministero della Difesa nel giugno 1988: «Sensori infrarossi e acustici per la ricezione dei campi magnetici delle persone ..., che diano risultati attendibili in aree di alta densità di popolazione, sono finora sconosciuti.»[41]

Senza considerare la crescente crisi politica ed economica della DDR, anche nel 1988 e nel 1989 vennero portati avanti i progetti d'ampliamento per il sistema di isolamento. Una proposta del «capo tecnico e d'armamento» delle truppe di frontiera del 30 dicembre del 1988 conteneva un intero catalogo di innovazioni elettroniche al «confine di stato verso Berlino (Ovest)». Caposaldo era l' «impianto di recinzione segnaletica di frontiera 90» con «sensori per laminati, sensori da campo, dispositivi di distribuzione di energia, valvole di sicurezza per la recinzione segnaletica ai portali e per i transiti liquidi», connessi ad un «dispositivo di analisi centrale» automatico. Un «apparecchio di sorveglianza d'area GÜG 89» elettronico sarebbe dovuto essere installato dal 1993, ma il prezzo per l'installazione di 100 pezzi alla frontiera interna tedesca era stato preventivato per 1,2 milioni di marchi. Avvicinamenti alle recinzioni e al Muro sarebbero dovuti essere rilevati da barriere infrarosse (prezzo: 15 000 marchi al pezzo). Dal 1991 sarebbe dovuto essere installato il «rilevatore di vibrazioni Gavott DS-80W» per la sorveglianza degli sbarramenti in acqua. Prezzo per sistema: 15 500 rubli. La funzione del «radar di ricognizione Kredo-1 RL 133» venne descritta come segue: «Sorveglianza di un tratto d'area sull'accesso di persone o autovetture attraverso sistema di ruote o catene». Prezzo al pezzo: intorno ai 30 000 rubli. Già nel 1988/89 era progettata l'introduzione di una «barriera a microonde» con la designazione Georgin-RLD-73 per la sorveglianza elettronica di un tratto d'area.[42]

Un tema delicato era quello del finanziamento della progettata frontiera high-tech. Nel giugno del 1988 uno scritto dal Ministero della difesa in cui il problema del finanziamento veniva sottolineato espressamente, raggiunse il Comando delle truppe di frontiera. Allo sviluppo e all'installazione «di sistemi moderni di sicurezza (sono) legati grandi costi materiali e finanziari. Durante la rielaborazione dei punti principali per il periodo 1991–1995/2000 è necessario quindi dedicare particolare attenzione alla parte economica.»[43] Questo appello al risparmio diventa comprensibile se si considera la catastrofica situazione economica della DDR, che nel 1988 si trovava di fronte all'insolvenza finanziaria. Ciò nonostante il bilancio della DDR nel 1989 prevedeva ancora uscite per la sicurezza delle frontiere per 1,221 miliardi di marchi. Solo per l'installazione dell' «impianto di sicurezza di frontiera GSA 90» si sarebbero dovuti spendere, fino al 1996, 42,2 miliardi di marchi.

Ma la storia, e ancor di più la gente della DDR non permise che si arrivasse a farlo.

LA CADUTA DEL MURO

Un sistema si dissolve

A Est della «cortina di ferro» qualcosa cominciava a muoversi. Soprattutto in Polonia e in Ungheria la critica ai partiti comunisti iniziò a farsi più forte a partire dalla metà degli anni ottanta. Gruppi di opposizione trovavano sempre maggior risonanza e diventavano sempre più intrepidi nella loro protesta contro l'oppressione politica. Nell'Unione Sovietica Michail Gorbachev era a capo del Partito Comunista dal marzo del 1985. Rese famosi in tutto il mondo i termini «Glanost» e «Perestroika».

A Berlino Est però regnavano sempre gli stessi vecchi apparati di partito. Così il componente dell'Ufficio politico Kurt Hager riguardo alle trasformazioni politiche in corso Unione Sovietica: «Se il vicino di casa restaura il proprio appartamento, non è detto che si debba tappezzare per forza la propria stanza.» Nessuna esigenza di rinnovamento quindi nella direzione dello stato e nel partito della DDR.

Nella primavera del 1989 la crisi economica e politica del blocco orientale s'inasprisce drammaticamente. I primi stati a trarre le conclusioni dal palese fallimento del «socialismo reale» sono la Polonia e l'Ungheria, che introducono un sistema a più partiti e strutture economiche di mercato. Inoltre i riformisti ungheresi gia da tempo non erano più disposti a partecipare alla concreta reclusione della popolazione dell'Europa dell'Est. Il 2 maggio del 1989 vennero aperte le recinzioni di filo spinato alla frontiera con l'Austria. Nella «cortina di ferro», e insieme anche nel Muro, si apriva una prima breccia destinata a durare.

Nelle settimane e nei mesi successivi la frontiera tra Ungheria e Austria diventò il punto di passaggio per un numero sempre crescente di cittadini della DDR. Il 19 agosto si giunse nei pressi di Sopron alla più grande fuga di massa di cittadini della DDR da quando esisteva il Muro. Più di 600 persone scavalcarono trionfanti la frontiera per l'Austria a margine di una rappresentazione politica. L'ambasciate della Repubblica Federale Tedesca a Budapest e a Praga si trasformarono a fine estate in un vero e proprio accampamento militare di cittadini della DDR che volevano espatriare. L'11 settembre il governo ungherese dichiarò ufficialmente l'apertura delle frontiere verso l'Austria.

La direzione della DDR si ritrovava lentamente con l'acqua alla gola. A Lipsia, da metà settembre, ogni lunedì c'erano dimostrazioni che chiedevano cambiamenti sociali. Di settimana in settimana aumentava il numero dei dimostranti. Contemporaneamente l'Unione Sovietica segnalava che la stabilizzazione della DDR non sarebbe stata conservata a discapito degli interessi di Mosca nei confronti della Repubblica Federale Tedesca e dell'Europa occidentale. «Chi arriva troppo tardi, lo penalizza la vita» dichiarò Michail Gorbachev.

La pressione politica ed economica sulla dirigenza dello Stato aumentava. Quando all'inizio del 1989 divenne chiaro al capo della SED, che solo i crediti dall'Ovest avrebbero potuto salvare l'economia della DDR (e in questo modo anche la politica), ne furono tratte conclusioni anche riguardo al sistema di isolamento. Niente aveva danneggiato l'immagine della DDR dal 1961 come gli spari al Muro. Per ordine del Ministro della Difesa del 3 aprile 1989 venne emanato l'ordine di non usufruire più delle armi da fuoco per impedire violazioni di frontiera, se non in caso di pericolo della propria vita o della vita di terzi, come per es. quella di ostaggi. Solo due mesi prima, nella notte dal 5 al 6 febbraio 1989, il 20enne Chris Gueffroy era stato ucciso a colpi d'arma da fuoco a Treptow (Berlino) durante un tentativo di fuga. Gueffroy fu l'ultimo fuggitivo che perse la vita al Muro. Ma anche dopo l'ordine del 3 aprile 1989 si sparò. L'8 aprile del 1989, quando due giovani berlinesi dell'Est tentarono di superare la frontiera in direzione Ovest al passaggio di Chausseestraße, vennero fermati dai due spari in aria dai controllori di documenti ed infine arrestati.

Il 9 novembre 1989

Forse mai tanto casualmente la storia del mondo fu fatta e annunciata.

La sera del 9 novembre 1989 il componente dell'Ufficio politico Günter Schabowski tiene una conferenza stampa nel Centro stampa internazionale della Möhrenstraße a Berlino Est. L'avvenimento viene trasmessa dal vivo dalla televisione della DDR. Tra i giornalisti di tutto il mondo regna una gran aspettativa, visto che gli avvenimenti degli ultimi giorni si sono inaspriti drammaticamente. Solo il giorno prima tutto l'ufficio politico della SED si era dimesso. Ma il sovraffaticato Schabowski si limita ai rapporti poveri di contenuto che riguardano l'ultima riunione del Comitato Centrale.

Alle 18:53 Schabowki, rispondendo alla domanda di un giornalista italiano, tira fuori un biglietto e lo legge distrattamente ad alta voce e in maniera incerta. Evidentemente non sa cosa c'è scritto nel biglietto che Egon Krenz, il successore di Honecker, gli ha passato poco prima dell'inizio della conferenza stampa:

«Può essere inoltrata la richiesta di viaggi privati anche senza la presentazione di particolari motivazioni o rapporti di parentela. Le autorizzazioni verranno rilasciate in breve tempo. I dipartimenti competenti della VPKÄ» – Schabowski alza lo sguardo – «dei commissariati distrettuali della polizia della DDR, hanno l'ordine di rilasciare immediatamente i visti per l'espatrio permanente, anche senza che sussistano le condizioni per un espatrio permanente.»

Mormorio in sala. Cosa significa? «Viaggi privati», «motivazioni di viaggio», «autorizzazioni in breve tempo»? Tra i giornalisti regna ora lo scompiglio. Anche Günter Schabowski, sul podio, fa evidentemente fatica a capire cosa ha letto ad alta voce.

Domanda: «Vale anche per Berlino Ovest?»

Schabowski alza le spalle, rovista nelle sue carte: «Beh (pausa) – si, si.» Poi riprende a leggere. «L'espatrio permanente può avvenire nei punti di transito della frontiera tra la DDR e la BRD, cioè anche verso Berlino Ovest.»

Domanda. «Quando entrerà in vigore?»

Schabowski cerca di nuovo un po' confuso nelle sue carte: «Secondo la mia conoscenza entra in vigore ... da subito, immediatamente.»[44]

Il Telegiornale (inteso è il telegiornale del primo canale televisivo della Germania dell'Ovest) riporta alle 20:00 la notizia bomba «la DDR apre le frontiere!» Molti tedeschi dell'Est avrebbero quindi appreso la notizia dalle dichiarazioni di Schabowski, stando a questa versione dei fatti. Cosa è successo davvero il 9 novembre 1989 a Berlino, scaturisce da diverse fonti: dalle speranze e resse della gente, dalle interpretazioni e speculazioni dei media, dall'insicurezza della direzione della SED, dalla perplessità di un regime senza più direttive precise.

E' un momento storico, quello in cui presupposizioni diventano velocemente fatti e i malintesi informazioni. Ma soprattutto quando si realizzano le speranze di libertà dei berlinesi dell'Est.

Verso le 20:30, al punto di passaggio di frontiera sulla Borholmer Str. si sono già raccolte diverse centinaia di persone, sconvolti e spinti dalle notizie di radio e televisione. Alcuni pretendono dalle guardie di frontiera il passaggio libero, altri sono venuti solo per vedere, «cosa succede davvero». Anche alla Invalidenstr. e alla Sonnenallee sono sempre più i tedeschi dell'Est che affluiscono ai punti di passaggio di frontiera. Allo stesso modo, nei punti di transito di Berlino Ovest , aumenta il numero di quelli che vogliono vedere coi propri occhi lo sviluppo della situazione.

La pressione sulle guardie di frontiera aumenta. Il comandanti e le guardie diventano sempre più nervosi e insicuri. Nessuno ha detto loro come si devono comportare. Verso le 21:00 la folla esige ad alta voce il sollevamento della barra di chiusura; la fila di auto intanto è diventata lunga più di un chilometro.

Sempre più energicamente la folla crescente scandisce «Porte aperte! Porte aperte!». Verso le 22:30 il capo del punto di passaggio di frontiera in servizio sulla Bornholmer Str. chiama il proprio superiore: «Non si può più fermare. Dobbiamo aprire il punto di passaggio. Interrompo i controlli e lascio uscire la gente.»[45]

Migliaia di persone affluiscono quindi attraverso il ponte di Bornholmer in direzione di Berlino Ovest. Anche sulla Sonnenalle e sulla Invalidenstrasse gli sbarramenti cadono poco più tardi sotto la pressione della gente.

Al Checkpoint Charlie, da 28 anni scenario di avvenimenti drammatici e confronti diretti, si sono raccolte nel corso della serata centinaia di persone da ambo le parti. Quando la pressione sulle guardie di frontiera aumenta sia a Ovest che a Est il comandante del punto di passaggio prova delle misure difensive. Verso le 23:00 fa chiudere tutti gli sbarramenti e le chiusure a saracinesca disponibili. Subito dopo risuona da Ovest «Lasciateci entrare!» e da Est «Lasciateci uscire!». Poco prima di mezzanotte il comandante cede alla pressione. Anche al Checkpoint Charlie si aprono gli sbarramenti.

Secondo il rapporto della polizia dell'Est verso le 00:02 tutti i punti di passaggio della frontiera sono aperti. Il Muro è caduto.

Günter Schabowski (a destra) alla storica conferenza stampa la sera del 9 novembre 1989.

BStU
000017

2

Beschlußvorschlag

Zur Veränderung der Situation der ständigen Ausreise von DDR-Bürgern nach der BRD über die CSSR wird festgelegt:

1. Die Verordnung vom 30. November 1988 über Reisen von Bürgern der DDR in das Ausland (GBl. I Nr. 25 S. 271) findet bis zur Inkraftsetzung des neuen Reisegesetzes keine Anwendung mehr.

2. Ab sofort treten folgende ~~zeitweilige Übergangs~~regelungen für Reisen und ständige Ausreisen aus der DDR in das Ausland in Kraft:

a) Privatreisen nach dem Ausland können ohne Vorliegen von Voraussetzungen (Reiseanlässe und Verwandtschaftsverhältnisse) beantragt werden. Die Genehmigungen werden kurzfristig erteilt. Versagungsgründe werden nur in besonderen Ausnahmefällen angewandt.

b) Die zuständigen Abteilungen Paß- und Meldewesen der VPKÄ in der DDR sind angewiesen, Visa zur ständigen Ausreise unverzüglich zu erteilen, ohne daß dafür noch geltende Voraussetzungen für eine ständige Ausreise vorliegen müssen. Die Antragstellung auf ständige Ausreise ist wie bisher auch bei den Abteilungen Innere Angelegenheiten möglich.

c) Ständige Ausreisen können über alle Grenzübergangsstellen der DDR zur BRD bzw. zu Berlin (West) erfolgen.

d) Damit entfällt die vorübergehend ermöglichte Erteilung von entsprechenden Genehmigungen in Auslandsvertretungen der DDR bzw. die ständige Ausreise mit dem Personalausweis der DDR über Drittstaaten.

BStU
000018

3. Über die zeitweiligen Übergangsregelungen ist die beigefügte Pressemitteilung am 10. November 1989 zu veröffentlichen.

Verantwortlich: Regierungssprecher beim Ministerrat der DDR

Il «biglietto» di Schabowski che diede il via agli avvenimenti del 9 novembre 1989.

La maggior parte dei berlinesi dell'Est sono sopraffatti dalla gioia per la caduta del Muro e la libertà appena conquistata. Esultando, molti con le lacrime agli occhi, si spingono oltre gli sbarramenti e vengono festeggiati dai berlinesi dell'Ovest entusiasti. Sconosciuti si abbracciano a vicenda. Paraurti contro paraurti le Trabis e le Wartburgs si muovono nel flusso della folla esultante in direzione Berlino Ovest. La gente non riesce ad esprimere a parole i propri sentimenti. «E' pazzesco!» è l'espressione ripetuta più spesso quella notte. Ai punti di passaggio della frontiera scorre spumante. Quasi tutta Berlino è sveglia e festeggia.

Le truppe di frontiera della DDR erano tutt'altro che preparate ai precipitosi avvenimenti della notte del 9 novembre 1989. Per i comandanti e per le truppe le regolamentazioni di viaggio comunicate da Schabowski e lo sviluppo successivo giunsero del tutto inaspettati.

Il capo delle truppe di frontiera Baumgarten ricevette la notizia dell'acuirsi della situazione ai punti di passaggio di frontiera la sera del 9 novembre a Strausberg, al Ministero della Difesa, dove era andato dopo la riunione del Comitato Centrale. Completamente sorpreso dalle novità non è in grado di dare nessun ordine. La direzione dell'Esercito Nazionale e delle truppe di frontiera stenta a farsi un quadro della situazione la sera del 9. novembre: verso le 1:00 si divise senza aver preso alcuna decisione. Il capo dello Stato maggiore delle truppe di frontiera, il general maggiore Dieter Teichmann, si lamentò più tardi della mancanza di informazione: «Ci è mancata qualsiasi possibilità di essere pronti ... Per me fu del tutto inconcepibile dover apprendere dalla televisione l'apertura delle frontiere.»[46]

La possibilità di intervenire con la violenza contro la massa di gente che veniva dall'Est venne esclusa da ciascuno dei comandanti delle forze di frontiera. A tutti era chiaro ciò che l'ufficiale di servizio delle truppe di frontiera nell'area della Bornholmer Str., Manfred Sens, formulò così: «Se la gente inizia e correre e noi spariamo, ci appendono al pennone della bandiera.»[47]

Non pochi appartenenti alle truppe di frontiera provarono rabbia e delusione: «Consideriamo gli avvenimenti del 9.11.1989, cioè del 10.11.1989, come un tradimento e una presa in giro nei confronti delle prestazioni degli organi di protezione e sicurezza, soprattutto delle truppe di frontiera. Senza consultarci furono prese delle decisioni che ci costrinsero a rinunciare a tutti i principi militari e di partito» è scritto in una risoluzione di protesta del 36. reggimento di frontiera in data 10 novembre 1989.

Molti ufficiali delle truppe di frontiera espressero più tardi la propria delusione riguardo alla rapidità con cui la direzione politica della DDR «era sparita». «Appena il 7 ottobre era ancora convinta che il Muro sarebbe rimasto per altri cento anni, e questo nonostante che al 40. anniversario della DDR era apparso chiaro che la gente non ne poteva più. ... E poi improvvisamente le frontiere aperte, e quelli, per cui per anni interi avevamo sorvegliato e fatto controlli, erano spariti dalla circolazione.»[48]

Era però chiaro che anche molti appartenenti alle truppe di frontiera, diversamente dal tenore di quella risoluzione di protesta del reggimento di frontiera 36, erano insofferenti negli ultimi mesi e settimane. Sempre meno soldati e ufficiali trovavano il senso di una «sorveglianza affidabile della frontiera». Nei reggimenti di frontiera cresceva la necessità di discussione. Ai livelli superiori invece si taceva su tutto.

Il 10 novembre – trascorsa appena la «notte delle notti» tutta Berlino era ancora in festa – il capo del Partito Krenz e il ministro della difesa Keßler ordinarono delle misure di cautelari di carattere militare. Venne costituito «un gruppo di direzione operativa» col compito di raccogliere le informazioni attuali sulla situazione alle frontiere aperte e valutare la «condizione del nemico». Avrebbe dovuto presentare anche «proposte per le decisioni direzionali di tutto lo stato». Continuò a rimanere poco chiaro a chi queste decisioni si sarebbero dovute indirizzare e cosa avrebbero dovuto evitare. Chiaro invece era il tentativo della direzione della DDR di evitare lo sfaldamento dei singoli centri di potere (Partito, organi statali, esercito, truppe di frontiera, sicurezza nazionale) e riprendere l'iniziativa. A ciò appartenevano anche misure di mobilitazione, alla cui base però non c'era nessun piano, come ad es. richiudere militarmente le frontiere. Successivamente, il vice ministro della difesa negò che fosse mai stata presa in considerazione una tale possibilità dopo il 9 novembre. Ma in realtà nelle prime ore del 10 novembre venne ordinato il massimo stato d'allarme alla prima divisione mobile di Potsdam (circa 10 000 uomini, 3 reggimenti corazzati, 1 reggimento di artiglieria,1 reggimento di missili contraerei) e alla 40. unità aerea (600 uomini).

In tutto il comando di frontiera di Mitte (11 500 uomini) era stato dichiarato lo stato d'allarme dal 10 novembre, ore 00:20, cioè poco dopo la caduta del Muro.Era in vigore la direttiva dell'Esercito Nazionale di realizzare le «misure di rafforzamento della sicurezza di frontiera e aumento della loro disponibilità ad eventuale difesa della frontiera con esecuzione delle misure di mobilitazione e combattimento».[49] Ciò comprendeva il compito di munirsi e di azionare armi da fuoco e veicoli. Anche il Ministero della Sicurezza Nazionale era in stato d'allarme. Da subito tutti gli ufficiali a disposizione dovevano «rimanere nelle loro unità di servizio fino a contrordine».[50]

In totale, aggiungendo gli uomini della Stasi appartenenti al corpo di guardia «Feliks Dzierzynski» (11 400) c'erano in tutto 30 000 uomini in stato d'allarme.

Storia di un biglietto

La direzione della DDR non vedeva altre alternative alla liberalizzazione delle direttive per viaggiare , cioè alla concreta apertura della frontiera, in considerazione dell'umore esplosivo nella popolazione e della crescente pressione delle strade – le «dimostrazioni de lunedì» di Lipsia e la dimostrazione di massa a Berlino Est il 4 novembre –. Tutto ciò però sarebbe dovuto accadere sotto il controllo del regime, secondo una scansione precisa e sotto la sovranità nazionale della DDR. Ma intanto la Cecoslovacchia, che fronteggiava da settimane un enorme afflusso di fuggitivi, mise sotto pressione la direzione della SED.

La mattina del 9 novembre quattro alti funzionari, due del Ministero della sicurezza nazionale, due del Ministero degli Interni, si incontrarono per rielaborare insieme una nuova legge di espatrio. Ci si accordò per unificare la questione degli «espatri permanenti» con quella dei «viaggi privati». In questo modo si voleva evitare a coloro che volessero trasferirsi all'estero i pesanti ostacoli burocratici , come ad es. i lunghi tempi di disbrigo delle pratiche, che concernevano coloro che richiedevano un visto per un «viaggio di visita»: cosa che comportava, secondo i quattro funzionari, ulteriori malumori ai cittadini della DDR. Il possesso di un passaporto, di cui in quel momento disponevano solo circa 4 milioni di cittadini della DDR (in una popolazione di circa 17 milioni), sarebbe dovuta essere la condizione necessaria. Si pensava in questo modo di poter anteporre una sorte di freno alla partenza dei cittadini della DDR. Il Ministero per la sicurezza nazionale predispose la pubblicazione della proposta a partire dalle ore 4:00 del 10 novembre.

Nel frattempo però la situazione politica diventava sempre più tesa. Il giorno prima, l'8 novembre, l'intero Ufficio Politico si era dimesso. La vecchia guardia intorno a

Mielke, Hager, Axen, Stoph perse il suo potere. Honecker era già stato sostituito da Egon Krenz nella funzione di segretario generale il 18 ottobre. Gente come Schabowski e Kleiber si facevano avanti.

Durante la presentazione della proposta, nella quale si discusse quindi degli espatri permanenti e dei semplici permessi di viaggio a motivo di visita, nel nuovo Ufficio politico Schabowski non era presente. Verso le 17:30 Krenz insistette affinché Schabowski, in qualità di «portavoce del governo», rendesse note le nuove regolamentazioni. Che si trattasse però formalmente ancora di una «proposta» e non di una «decisione» del Consiglio dei Ministri, non era chiaro a Schabowski. Così ,verso le 18:00 quando infine apparve alla conferenza stampa, la storia prese il proprio corso.

Fine del regime di segregazione

Con la caduta del Muro il 9 novembre 1989, la popolazione della DDR aveva in un certo senso dato fine «di propria mano» al regime di segregazione. Alla direzione della SED e al comando delle truppe di frontiera non rimase altro da fare, nei mesi e settimane successive, che trarne le pratiche conseguenze.

Ai militari non risultò facile abituarsi ai nuovi rapporti. Le truppe di frontiera vennero ridotte del 50% a 25 000 uomini. Fino

Le frontiere sono aperte. Trabis e gente esultante al Bornholmer Brücke.

alla metà di marzo del 1990 vennero dimessi circa 1 000 ufficiali e 12 000 soldati delle truppe di frontiera.

In prospettiva dell'unione sociale e monetaria con la RFT, che entrò in vigore il 1 giugno 1990, il ministro della DDR per il disarmo e la difesa Rainer Eppelmann (CDU), ordinò il 26 giugno 1990 la sospensione di tutti controlli di frontiera al confine interno tedesco e a Berlino. Chi voleva andare da Berlino Ovest a Berlino Est, dovette mostrare il passaporto per l'ultima volta il 30 giugno. Due settimane prima dell' unione della DDR alla Repubblica Federale Tedesca secondo il diritto internazionale, il 21 settembre 1990 il ministro Rainer Eppelmann dispose lo scioglimento delle truppe di frontiera. Si era finalmente chiuso nella storia tedesca il lungo capitolo del dopoguerra.

Punto di transito improvvisato alla Porta di Brandeburgo. Nel marzo del 1990 i passaporti venivano ancora controllati.

LA SPARIZIONE DEL MURO

I «Cecchini del muro» e altri processi

Il 20 giugno 1992, l'Alta Corte di Berlino pronuncia il verdetto del primo «processo ai cecchini del Muro». Quattro ex guardie sono accusate di aver sparato, nel febbraio 1989, su Chris Gueffroy (20 anni) e di averlo mortalmente ferito. Il principale accusato, Ingo H. è condannato a tre anni e mezzo per omicidio volontario, un altro imputato ad una pena di 16 mesi con la condizionale. Nel successivo processo di appello, alla condanna di Ingo H. viene concessa la condizionale. Prosciolti gli altri due imputati. Il pubblico presente in aula rumoreggia; alcuni esprimono rabbiosamente la propria riprovazione per la condanna giudicata troppo blanda.

Sotto il Muro e alla frontiera interna tedesca, sono oltre 900 le persone uccise e più di 850 quelle rimaste ferite. Per il solo Muro, sono più di 230 i morti, con centinaia di feriti e migliaia che, ancora anni dopo, soffrono per le conseguenze di lunghe pene detentive cui sono stati condannati dopo un fallito tentativo di fuga. Per tutto questo i responsabili c´erano. Ma chi era colpevole e in che modo? La storia del Muro non era terminata con il 9 novembre 1989.

Dopo il 1990, i tribunali tedeschi si trovano di fronte al difficile compito di stabilire la colpa individuale di ciascun accusato – le guardie di frontiera che hanno sparato come dei membri dell'Ufficio politico che avevano partecipato a delle decisioni di principio – e di doverlo giudicare. I veri responsabili erano i «cecchini del Muro» che avevano ubbidito agli ordini? E che ne sarebbe stato dei politici e dei militari che erano al potere e impartivano gli ordini? C'erano poi questioni di diritto: niente punizioni al di fuori della legge. Solo chi fosse stato punibile secondo gli ordinamenti della DDR poteva subire un procedimento giudiziario.

A causa dei colpi mortali sparati sotto il Muro, ci sono stati fino alla metà del 1999 circa 70 processi, tra cui quelli ai soldati che avevano partecipato alla sparatoria contro Peter Flechter e Günther Litfin, primo fuggitivo ucciso. I primi imputati furono coloro che avevano sparato. L'accusa era di «tentativo di omicidio e omicidio volontario». Nella maggior parte dei casi furono pronunciate condanne da 1 a 2 anni con la condizionale, in quanto agli imputati vennero riconosciute le circostanze attenuanti. Dopo il 1990 ci furono oltre 3 000 procedimenti di inchiesta contro crimini violenti perpetrati al Muro e alla frontiera interna tedesca. Fino ad oggi, in solo a 200 casi circa si è giunti in fase di accusazione.

Nel novembre del 1992 cominciò il primo processo contro gli ex notabili politici della DDR. Erich Honecker, capo di stato, Erich Mielke, ex capo della Stasi, Willi Stoph, ex presidente del Consiglio dei Ministri, e ancora a seguire l'ex ministro della Difesa Heinz Keßler e il suo aggiunto Fritz Streletz. Tutti i membri del Consiglio della Difesa nazionale della DDR, furono considerati responsabili dei colpi mortali sparati alla frontiera interna tedesca e presso il Muro. Fu un processo lungo e penoso. Contro tre accusati, Honecker, Mielke e Stoph, il procedimento fu sospeso per ragioni di salute. Nel settembre del 1993 l'Alta Corte pronuncia contro Keßler, Streletz e Albrecht, pene detentiva dai 5 ai 7 anni e mezzo di prigione. Il tribunale non considera gli accusati solo come «istigatori» ma, data la loro posizione di potere, come «autori indiretti».

L'argomento di difesa degli imputati fu il seguente: essendo la frontiera della DDR una zona militare proibita, non li si poteva giudicare secondo le leggi della DDR. La Corte Federale di giustizia sottolineò, nel 1996, con il suo rifiuto di una revisione del processo, che ciò non era sostenibile se nello stesso tempo lo Stato non giudica come crimini «grandi ingiustizie criminali ... come, in maniera gravissima, non rispetta i diritti umani generalmente riconosciuti dalla comunità dei popoli.»[52]

Anche Klaus-Dieter Baumgarten, a lungo capo delle truppe di frontiera della DDR, fu inquisito insieme ad altri 5 comandanti superiori. Nel settembre del 1996 Baumgarten fu condannato a 6 anni di prigione per omicidio volontario e il suo aggiunto 3 anni e 3 mesi per complicità. E' stato graziato nel marzo del 2000.

Nell'aprile del 1999, 4 ex ufficiali aggiunti del comando di frontiera nel distretto di Mitte, furono condannati con la condizionale per complicità in omicidio. Nell'agosto dello stesso anno, anche un altro ex ufficiale di Mitte, distretto da cui dipendeva il Muro di Berlino, è stato condannato a 2 anni e mezzo di prigione.

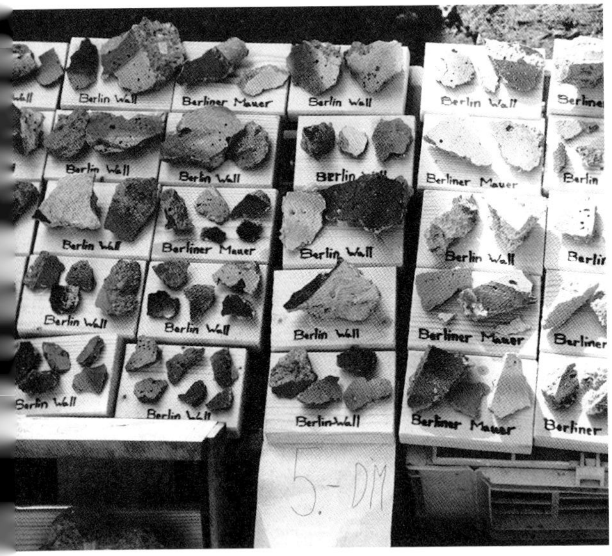

Per mesi interi i pezzi del Muro erano un ricercato souvenir per i turisti di tutto il mondo.

Nemmeno i membri dell'ex Ufficio politico sono sfuggiti ai procedimenti giudiziari. Il tribunale ha considerato i membri dell'Ufficio politico direttamente responsabili dei colpi mortali nei pressi del Muro. Nell'agosto del 1997, Egon Krenz è stato condannato a 6 anni e mezzo di prigione per omicidio volontario riconosciuto in almeno 6 casi (l'accusa è stata ridotta per ragioni tecniche) e i suoi coimputati Günther Schabowski e Günther Kleiber a 3 anni. Nel corso del processo solo Günther Schabowski ha riconosciuto la propria responsabilità morale.

Nel novembre del 1998, fa sensazione un processo diverso ma lo stesso legato al Muro. Anche in questo caso si trattava di colpi mortali sparati nei pressi del Muro, ma la vittima era questa volta una guardia di frontiera della DDR: Reinhold Huhn, ucciso al Checkpoint Charlie nel giugno del 1962 da Rudolf M. che cercava di aiutare alcuni fuggitivi. A distanza di 36 anni, l'accusato, Rudolf M. (61 anni) fu condannato ad 1 anno con la condizionale.

Abbattimento e recupero

Monte Carlo, in una giornata di sole del giugno 1990. Nel lussuoso Hotel «Metropol palace», poco lontano dal celebre Casinò, un pubblico illustre giunto da tutto il mondo con il portafoglio ben fornito, aspettavo l'inizio di uno spettacolo poco consueto: Il Muro di Berlino posto all'asta. Nel corso della serata, 75 degli 81 pezzi dipinti del Muro trovano un acquirente. L'offerta base era di 50 000 franchi.

Jaguba Rizzoli, ricca sposa dell'editore italiano, può mettere nel giardino della sua villa un pezzo di Muro pagato 27 000 DM; costo di fabbricazione in marchi dell'Est: 359. Lo stesso un uomo d'affari di Zurigo che paga 1,3 milioni di franchi per 11 pezzi – non male per dei pezzi di cemento dipinto che, nei certificati di uscita della dogana, erano correttamente stati dichiarati «calcinacci». Nell'insieme, gli acquirenti di Monte Carlo hanno fruttato 1,8 milioni di marchi tedeschi da versare su un conto per il miglioramento della salute pubblica della DDR ancora esistente: questo almeno secondo i rappresentanti dell'organizzazione (Lelé Berlin Vendita Muro) responsabili dell'asta.

A partire dal gennaio 1990, i pezzi del Muro fanno il giro del mondo soprattutto presso i collezionisti. Ma molti vanno anche a personalità che hanno contribuito alla caduta del muro. Come gli ex presidenti Reagan e George Bush che ne hanno ricevuto un pezzo. E lo stesso la biblioteca John-F-Kennedy a Boston o la CIA che l'ha esposto nel suo quartiere generale.

«Il Muro deve sparire» era stato per decenni lo slogan di lotta contro la divisione di Berlino. Con il 9 novembre era arrivato il momento di trasformare questa esigenza in realtà. All'inizio del 1990, il Consiglio dei ministri della RFT e le autorità municipali di Berlino Est, ne decidono la demolizione.

A Berlino e dintorni c'erano 106 km di muro di cemento. Circa 45 000 segmenti, pesanti ciascuno 2,75 tonnellate, da far scomparire. Senza contare i 127,5 km di sbarramenti e segnalazioni e i 302 percorsi d'osservazione.

Il 30 novembre 1990, a Wedding, nella Provinzstraße, fu tolto ufficialmente l'ultimo pezzo di Muro all'interno della città. 32,4 km di Muro con annesse installazioni, erano spariti.

Una sensazione completamente nuova dopo 29 anni: Berlino senza il Muro.

La maggior parte del Muro è stato utilizzato bene. Molti soldi e cemento hanno circolato per distribuirlo tra la gente. Prima cosa un numero indefinibile di «scalpellini del Muro» hanno venduto i loro pezzi ai turisti facendo per molti mesi dei buoni affari. La maggior parte dei segmenti di cemento è stata poi sbriciolata e venduta a 20 DM la tonnellata per la costruzione, soprattutto all'Est, di strade.

Contesa intorno alla memoria

Oggi i turisti restano perplessi; Potsdamer Platz, Kochstraße: ma dov'era davvero il Muro?

La distruzione del Muro con tutti i suoi annessi, è stato un atto di liberazione interiore ed esteriore. Dopo il 9 novembre, dappertutto dove un pezzo di Muro crollava, c'era gente in festa. Tuttavia, alcune voci si sollevano a proposito della sparizione chirurgica del Muro. Segue una accesa discussione per decidere come conservare il Muro nella coscienza della gente come monumento alle vittime e avvertimento per le generazioni future.

Ci sono tentativi per conservare vivo il ricordo. Sulla Bernauer Straße sono stati edificati un monumento e un centro di documentazione del Muro. Nel punto di transito di Checkpoint Charlie, dove nell'ottobre del

Abbattimento di segmenti di Muro nel novembre del 1989.

1961 si fronteggiarono blindati russi e americani, sono restate tracce delle fortificazioni e in particolare una torretta d'osservazione. Per circa 7,5 km, una linea di pavimentazione segna il tragitto del Muro all'interno della città.

Rari pezzi di Muro sono rimasti in alcuni angoli: sulla Niederkirchnerstraße, la Mühlenstraße, a Friedrichshain (Est-Side-Gallery), sulla Bernauer Sraße e sulla Potsdamer Platz. Nonostante le numerose proteste, un pezzo del «Muro interno» è stato tolto dalla Potsdamer Platz nell'aprile del 1999 su ordine del Senato della città.

I rapporti con i ricordi non sono facili a Berlino.

Ricordare – ma come? Protesta contro l'abbattimento di resti del muro interno alla Potsdamer Platz nell'aprile del 1999.

CRONOLOGIA

1944 **12 settembre**
Nel Protocollo londinese gli USA, la Gran Bretagna e l'Unione Sovietica decidono la divisione della Germania e di Berlino in tre (più tardi in quattro) zone d'Occupazioni, chiamate anche settori.

1945 **8 maggio**
Capitolazione incondizionata della Germania nazionalsocialista

1946 **4 dicembre**
L'Amministrazione Militare Sovietica (SMAD) dispone la sicurezza delle linee di demarcazione della zona d'occupazione sovietica.

1952 **26 maggio**
La DDR sbarra le linee di demarcazione verso la Repubblica Federale Tedesca e Berlino Ovest.

1958 **27 novembre**
L'Ultimatum di Kruchev: l'Unione Sovietica pretende per Berlino Ovest lo status di una «città libera».

1961 **15 giugno**
Ulbricht dichiara davanti alla stampa a Berlino Est: «Nessuno ha intenzione di innalzare un muro».

1961 **13 agosto**
Sbarramento delle frontiere di settore verso Berlino Ovest.

1961 **15 agosto**
Costruzione delle prime parti del Muro.

1961 **19 agosto**
1.500 soldati americani vengono trasferiti a Berlino Ovest.

1961 **23 agosto**
Dei 12 passaggi di frontiera a Berlino ne vengono chiusi altri cinque. Ai berlinesi dell'Ovest è proibito l'accesso a Berlino Est.

1961 **24 agosto**
Un 24enne viene ucciso a colpi d'arma da fuoco dalle guardie di frontiera presso il Humboldt-Hafen.
È il primo fuggitivo ucciso a Muro di Berlino.

1961 **12 settembre**
Formazione delle «Truppe di frontiera della DDR» quale parte dell'Esercito Nazionale

1961 **27 ottobre**
Confronto tra panzer americani e quelli sovietici al Checkpoint Charlie.

1962
Approntamento dei primi percorsi affidati alla sorveglianza dei cani.

1962 **18 giugno**
Il soldato di frontiera della DDR Reinhold Huhn viene ucciso da un tedesco dell'Ovest che aiutava tedeschi dell'Est nella fuga.

1962 **19 giugno**
Truppe di frontiera iniziano con l'innalzamento di un secondo muro di sbarramento.

1962 **17 agosto**
Peter Fechter viene colpito durante un tentativo di fuga: senza soccorsi, muore dissanguato nella «striscia della morte» a ridosso del Muro.

1963 **21 giugno**
Proclamazione di un' «area di frontiera» di Berlino Est, accessibile solo con un'autorizzazione speciale.

1963 **26 giugno**
Visita del Presidente degli Stati Uniti d'America John F. Kennedy a Berlino Ovest.

1963 **19 dicembre**
Il primo accordo sui lasciapassare entra in vigore: resta valido fino al 5 gennaio 1964.

1964 **dicembre**
Seconda regolamentazione sui lasciapassare.

1965 **18 dicembre**
Terza regolamentazione sui lasciapassare; in vigore fino al 2 gennaio 1966.

1966
Edificazione delle prime torrette d'osservazione (BT 9 e 11).

1966 **7 aprile (fino al 20) e 23 maggio (fino al 5 giugno)**
Quarta regolamentazione sui lasciapassare.

1966 **ottobre**
Accordo per la creazione di un punto di rilascio dei permessi per questioni famigliari urgenti.

1966 **dicembre**
Fallimento delle trattative per un'ulteriore regolamentazione sui lasciapassare.

1968
Costruzione del Muro della «3. generazione» (piastre di cemento con tubo sovrapposto).

1971
Inizia il montaggio della «recinzione di frontiera» con filo spinato.

1971 **31 gennaio**
Dopo un'interruzione di 19 anni allacciamento limitato dei collegamenti telefonici tra le due parti di Berlino.

1971 **febbraio**
Ristrutturazione delle truppe di frontiera; creazione dei comandi di frontiera Nord, Mitte, Süd, e della brigata di guardiamarina.

1971 **3 maggio**
Honecker prende il posto di Ulbricht ai vertici della SED.

1971 **3 settembre**
Firma dell'accordo delle quattro potenze su Berlino.

1971 **17 dicembre**
Firma dell'accordo sul transito tra la Repubblica Federale Tedesca e la DDR.

1971 **20 dicembre**
Firma dell'accordo tra il Senato di Berlino Ovest e il governo della DDR su agevolazioni e miglioramenti per visite e viaggi.

1972 **3 giugno**
L'Accordo delle quattro potenze entra in vigore.

1972 **21 dicembre**
Firma del contratto fondamentale tra la Repubblica Federale Tedesca e la DDR.

1974 **1 gennaio**
Le truppe di frontiera della DDR vengono ufficialmente separate dai corpi dell'Esercito Nazionale.

1974
Edificazione del «muro interno» e della «recinzione segnaletica 74».

1975
Edificazione delle prime torrette d'osservazione BT 9 e 11 di forma quadrata.

1975 **29 ottobre**
Convenzione tra il Senato di Berlino Ovest e il governo della DDR riguardo le misure di soccorso in caso di disgrazie alle frontiere di settore. Già due bambini di Berlino Ovest sono annegati nella Sprea. Le guardie di frontiera non avevano consentito i soccorsi dall'Ovest, intervenendo per proprio conto ma con troppo ritardo.

1976
Edificazione delle prime parti del «muro di frontiera 75» (il muro della «4. generazione»).

1977 **7 ottobre**
Gravi scontri tra giovani e polizia sull'Alexanderplatz di Berlino Est. Tre giovani perdono la vita. La folla scandisce: «Il muro deve sparire!»

1980 **13 ottobre**
Aumento del cambio minimo a 25 DM per visite a Berlino Est. Drastica diminuzione del numero dei visitatori.

1981 **20 novembre**
Apertura del Teltow Kanal per la navigazione interna dei battelli.

1982 **25 marzo**
La Camera della DDR approva nuova legge sulle frontiere.

1983 **1 giugno**
Il Consiglio Nazionale della Difesa della DDR approva un decreto di base a favore di un ulteriore ampliamento «tecnico» degli impianti di frontiera.

1984
Segnaletica e nuova recinzione di sbarramento alla «frontiera di retroguardia».

1987 **8 giugno**
Scontri tra giovani e poliziotti dell'Est alla Porta di Brandeburgo durante un concerto rock presso il Reichstag.

1989 **19 gennaio**
Honocker dichiara a Berlino Est che il Muro «rimarrà ancora 50 o 100 anni» se non cambiano le condizioni che lo hanno reso necessario.

1989 **5 febbraio**
Il 20enne Chris Gueffroy viene ucciso a colpi d'arma da fuoco durante un tentativo di fuga.

1989 **8 aprile**
Due colpi in aria al punto di passaggio di frontiera Chuassestraße blocca il tentativo di fuga di due giovani. Sono gli ultimi spari al Muro di cui si ha notizia.

1989 **4 novembre**
Grande dimostrazione a Berlino Est contro il governo della SED.

1989 **9 novembre**
Caduta del Muro.

1990 **30 giugno**
Sospensione di tutti i controlli di frontiera.

1990 **21 settembre**
Scioglimento delle truppe di frontiera della DDR.

NOTE

1 Confr. Petschull. Jürgen, Die Mauer, Hamburg[3] 1990, pg.51 e seg.
2 Ordine 01/61, 12.08.1961, cit. da Riemer, Rudolf, Das zweigeteilte Deutschland 1961–1962, München 1995, pg. 119
3 Cit. da Beschloss, Michael, Powergame. Kennedy und Chruschtschow. Die Krisenjahre 1960–1963, Düsseldorf 1991, pg.281
4 Brandt, Willy, Erinnerungen, Berlin[3] 1989
5 Edward R. Murrow. cit. da Beschloss, Powergame, pg.279
6 Schlesinger, Klaus, Am Ende der Jugend, in: Schlesinger, Klaus, Berliner Traum, Rostock 1977, pg.116 e seg.
7 Fundstelle SAPMO-BArch DY 30/IV/2/15287 e Berliner Mauer-Archiv
8 Informationsbericht, Berliner Mauer-Archiv
9 SAPMO-BArch Dy 30 j IV 2/2/2 784
10 Tansportpolizei/Abschnitt Berlin, Berliner Mauer-Archiv
11 Cit. da Koop, Volker, Den Gegner vernichten. Die Grenzsicherung der DDR, Bonn 1996, pg. 178 e seg.
12 de Bruyn, Günter, Vierzig Jahre. Ein Lebensbericht, Frankfurt a.M. 2 1996, pg.109 e seg.
13 Ordine 101/69, confr. Koop. Gegner, pg.260 e seg.
14 Ordine 101/71, confr. Koop. Gegner, pg 263 e seg.
15 Rundschreiben an SED-Kreisleitungen, 28.10.1971, pg.2 (Berliner Mauer-Archiv)
16 Cit. da Scholze, Thomas/Blask, Falk, Halt! Grenzgebiet! Berlin 1992, pg. 183/199
17 LAB, C Rep. 736, Nr.70; zu Fluchversuchen confr. anche: Hildebrandt, Rainer, Es geschah an der Mauer, Berlin 1992
18 Ordine 101/61 e 101/62, BA-MA VA-01/5003
19 Handbuch für Grenzsoldaten, Berlin 1965, pg.41
20 Cit. da Karau, Gisela, Grenzprotokolle, Frankfurt/M. 1992, pg.25
21 Cit. da Koop, Volker, Ausgegrenzt. Der Fall der DDR-Grenztruppen, Berlin 1993, pg.118
22 Vorlage des Stadtkommandanten, Februar 1965 (Berliner Mauer-Archiv)
23 Cit. da Knobloch, Heinz u.a., Geisterbahnhöfe, Berlin 1994, pg.20 e seg.
24 Cit. da Karau, Grenzerprotokolle. pg.33
25 Confr. Rathje, Wolfgang, Der Ausbau der Berliner Mauer 1975–1989. Ms., Christian-Albrecht-Universität Kiel, 1996, pg.20 e seg.
26 Konzeption ... für den weiteren Ausbau der Staatsgrenze der DDR, 5.8.1982 (Berliner Mauer-Archiv)
27 Confr. Wenzel, Otto, Kriegsbereit: der Nationale Verteidigungsrat der DDR 1960 bis 1989, Köln 1995, pg.71 e seg.
28 Schreiben des Grenzkommandos Mitte, Juni 1971, Bl.1, (Berliner Mauer-Archiv); Politische Verwaltung der Grenztruppen der DDR (Hg.) Die Staatsgrenze unserer Republik ist unantastbar, o.O. 1982, pg.43 e seg.
29 Übersicht versuchte und erfolgte Grenzdurchbrüche (1.12.1974–30.11.1979)(Berliner Mauer-Archiv)
30 LAB, C Rep. 736, Nr.70
31 LAB, C Rep. 736, Nr.69
32 Cit. da Koop, Ausgegrenzt, pg.114 e seg.
33 Handbuch für Grenzsoldaten, pg.55
34 Confr. Geschke, Heinz u.a., Die Sicherung der Staatsgrenze der DDR als gesamtgesellschaftliches System, in: Vom Mauerbau zum Mauerfall, H.5, Potsdam 1998, pg.52
35 Außerordentliche Dienstbesprechung, 23.08.1988
36 Schreiben von Oberstleutnant Ganßauge, Ottobre 1981, LAB, C Rep. 736, Nr. 12
37 Frankfurter Allgemeiner Zeitung, 20.1.1989
38 Kommando der Grenztruppen, »Thesen zum Thema Tendenzen der Entwicklung neuer Grenzsicherungsanlagen ...«, BA-MA GTÜ AZN 17791
39 Cit. da Rathje, Ausbau, pg.143
40 Forschungsbericht »Seismische Meldungsgebersysteme«, 31.1.1985, BA-MA GTÜ AZN 17779
41 Cit. da Rathje, pg.115
42 Confr. »Vorschlag des Chefs Technik und Bewaffnung der Grenztruppen«, 31.12.1988, BA-MA GTÜ AZN 17791
43 Ministerium für Nationale Verteidigung, Juni 1988, BA-MA GTÜ AZN 17791
44 Confr. Hertle, Hans-Hermann, Chronik des Mauerfalls, Berlin 1996, pg.187
45 Confr. Hertle, Hans-Hermann, Der Fall der Mauer, Opladen 1996, pg.187
46 Neue Berliner Illustrierte 8/1990, pg.4
47 Cit. da Hertle, Chronik, pg.14
48 Cit. da Hertle, Fall der Mauer, pg.230
49 Cit. da Karau, Grenzerprotokolle, pg.21
50 Confr. Hertle, Fall der Mauer, pg.256 e seg.
51 Ordine 101/89 nella versione del 21.12.1989, BA-MA GTÜ AZN 17239
52 Confr. Grafe, Roman, in: Süddeutsche Zeitung, 3/4.5.1997

Archivi consultati:

Bundesarchiv, Außenstelle Dahlwitz-Hoppegarten
Bundesarchiv, Stiftung Archiv der Parteien- und Massenorganisationen der DDR (SAPMO), Berlin
Landesarchiv, Berlin
Mauer-Archiv di Hagen Koch, Berlin

Immagini e documenti:

Berliner Mauer-Archiv 7, 17, 18, 22(3), 24, 34, 35, 39, 43, 47, 48/49(4), 50, 51, 52, 53, 54, 57, 60, 62, 63
Dieter Breitenborn, Berlin 5, 11, 37(2), 72, 74
Bundesarchiv Koblenz 16
Ch. Links Verlag, Berlin 28, 40, 68, 75
Landearchiv Berlin 25, 29, 59 (C Rep. 736)
Landesbildstelle Berlin 10, 12, 19, 44
Klaus Lehnartz, Berlin 4, 14, 20, 21, 27, 31, 33, 45
Michael Reimer, Berlin 42
Andreas Schoelzel, Berlin 67, 71
Uwe Steinert, Berlin 76
Ullstein Bilderdienst 15 (Foto: Peter Leibing), 32
Zeitungsarchiv FU Berlin 9

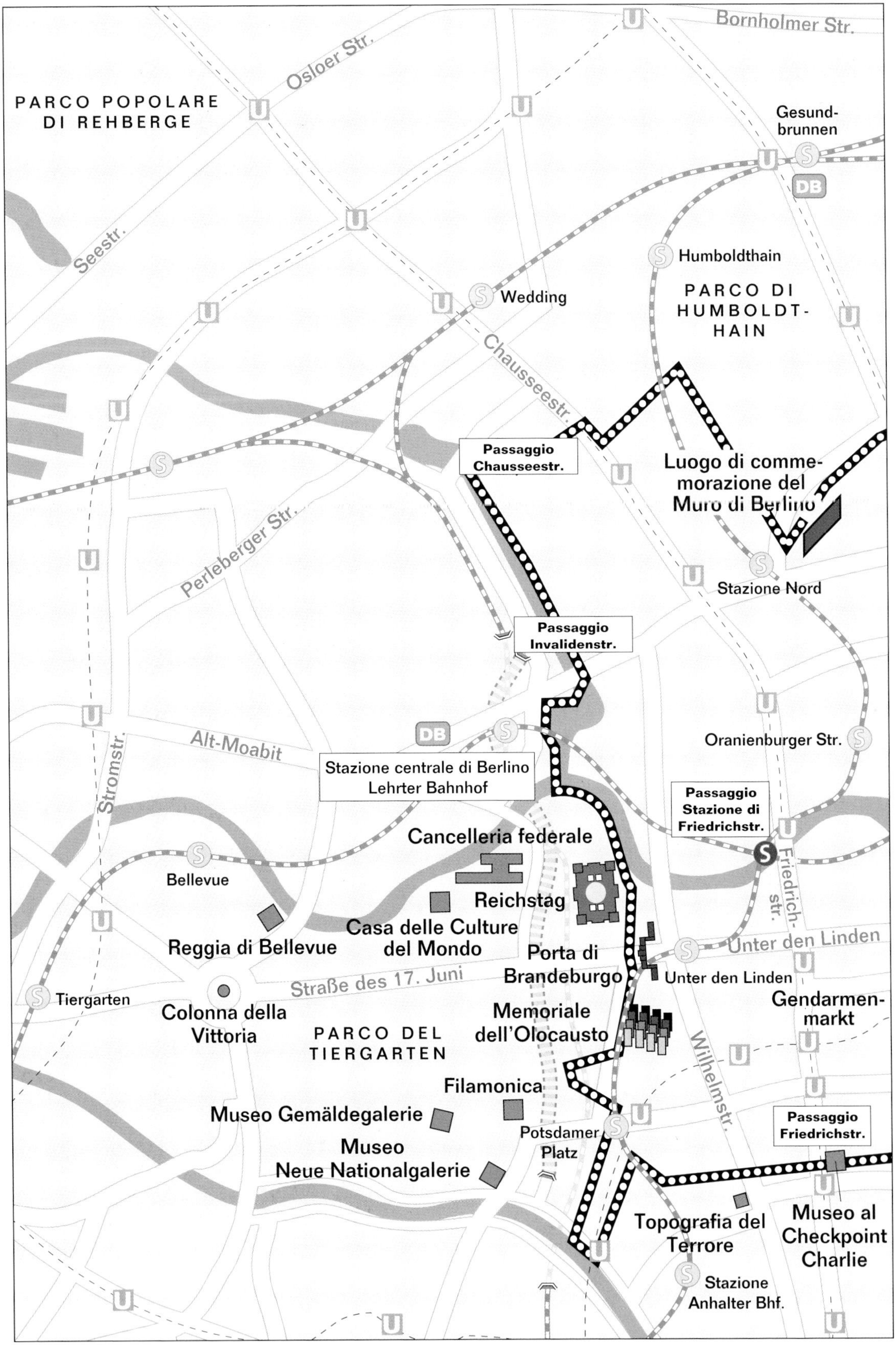

PARCO POPOLARE DI REHBERGE
Osloer Str.
Bornholmer Str.
Gesund-brunnen
Seestr.
Humboldthain
PARCO DI HUMBOLDT-HAIN
Wedding
Chausseestr.
Passaggio Chausseestr.
Luogo di commemorazione del Muro di Berlino
Perleberger Str.
Stazione Nord
Passaggio Invalidenstr.
Alt-Moabit
Oranienburger Str.
Stazione centrale di Berlino Lehrter Bahnhof
Passaggio Stazione di Friedrichstr.
Stromstr.
Cancelleria federale
Friedrich-str.
Bellevue
Reichstag
Casa delle Culture del Mondo
Reggia di Bellevue
Porta di Brandeburgo
Unter den Linden
Unter den Linden
Straße des 17. Juni
Tiergarten
Colonna della Vittoria
Memoriale dell'Olocausto
Gendarmen-markt
PARCO DEL TIERGARTEN
Wilhelmstr.
Filamonica
Museo Gemäldegalerie
Potsdamer Platz
Passaggio Friedrichstr.
Museo Neue Nationalgalerie
Topografia del Terrore
Museo al Checkpoint Charlie
Stazione Anhalter Bhf.